Qu'est-Ce Que Le Tiers État?: Précédé De L'essai Sur Les Privilèges

Emmanuel Joseph Sieyès

QU'EST-CE QUE

LE

TIERS ÉTAT?

PRÉCÉDÉ

DE L'ESSAI

SUR LES PRIVILÉGES.

QU'EST-CE QUE

LE

TIERS ÉTAT?

PRÉCÉDÉ

DE L'ESSAI

SUR LES PRIVILÉGES;

(PAR L'ABBÉ SIEYES,

EX-MEMBRE DE L'ASSEMBLÉE CONSTITUANTE, DE LA CONVENTION
NATIONALE, DU CONSEIL DES CINQ CENTS, DU CONSEIL DES ANCIENS,
AMBASSADEUR A BERLIN, MEMBRE DU DIRECTOIRE DE LA RÉPU-
BLIQUE FRANÇAISE, SECOND CONSUL, SÉNATEUR, MEMBRE DE
L'INSTITUT NATIONAL, GRAND OFFICIER DE LA LÉGION-D'HONNEUR,
GRAND CROIX DE L'ORDRE DE LA RÉUNION, COMTE DE L'EMPIRE,
PAIR DE FRANCE, etc., etc.

NOUVELLE ÉDITION,

AUGMENTÉE DE VINGT-TROIS NOTES,

PAR L'ABBÉ MORELLET.

⸺⬦◦◦◦⬦⸺

PARIS,

CHEZ ALEXANDRE CORREARD, LIBRAIRE, PALAIS-ROYAL,
GALERIE DE BOIS, Nº. 258.

1822.

ESSAI

SUR

LES PRIVILÉGES.

ESSAI

SUR

LES PRIVILÉGES.*

On a dit que le privilége est *dispensé pour celui qui l'obtient, et découragement pour les autres.* S'il en est ainsi, convenez que c'est une pauvre invention que celle des priviléges. Imaginons une société la mieux constituée et la plus heureuse possible : n'est-il pas clair que, pour la bouleverser, il ne faudra que dispenser les uns et décourager les autres?

J'aurais voulu examiner les priviléges dans leur origine, dans leur nature et dans leurs effets. Mais cette division, toute méthodique qu'elle est, m'eût forcé de revenir trop souvent sur les mêmes idées. D'ailleurs, quant

---

* La première édition de cet Opuscule parut en novembre 1788.

1 *

à l'origine, elle m'eût jeté dans une fastidieuse et interminable discussion de faits ; car, que ne trouve-t-on pas dans les faits, en cherchant comme l'on cherche ? J'aime encore mieux supposer, si l'on m'y force, aux priviléges l'origine la plus pure. Leurs partisans, c'est-à-dire à peu près tous ceux qui en profitent, ne peuvent demander davantage.

Tous les priviléges, sans distinction, ont certainement pour objet ou de *dispenser* de la loi, ou de donner un *droit exclusif* à quelque chose qui n'est pas défendu par la loi. L'essence du privilége est d'être hors du droit commun, et l'on ne peut en sortir que de l'une ou de l'autre de ces deux manières. En saisissant donc notre sujet sous ce double point de vue, on doit convenir que tous les priviléges à la fois seront à juste titre enveloppés dans le jugement qui pourra résulter de cet examen.

Demandons-nous d'abord quel est l'objet de la loi : c'est sans doute d'empêcher qu'il ne soit porté atteinte à la liberté ou à la propriété de quelqu'un. On ne fait pas des lois pour le plaisir d'en faire. Celles qui n'auraient pour effet que de gêner mal à propos la liberté des citoyens, seraient contraires à la fin de toute association ; il faudrait se hâter de les abolir.

Il est une *loi mère* d'où toutes les autres doivent découler : *Ne fais point de tort à autrui.* C'est cette grande loi naturelle que le législateur distribue en quelque sorte en détail par les diverses applications qu'il en fait pour le bon ordre de la société ; de là sortent toutes les lois positives. Celles qui peuvent empêcher qu'on ne fasse du tort à autrui, sont bonnes ; celles qui ne serviraient à ce but ni médiatement, ni immédiatement, quand même elles ne manifesteraient point une intention malfaisante, sont pourtant mauvaises ; car, d'abord, elles gênent la liberté, et puis, ou elles tiennent la place des véritablement bonnes lois, ou au moins elles les repoussent de toutes leurs forces.

Hors de la loi, tout est libre : hors de ce qui est garanti à quelqu'un par la loi, chaque chose appartient à tous.

Cependant, tel est le déplorable effet du long asservissement des esprits, que les peuples, loin de connaître leur vraie position sociale, loin de sentir qu'ils ont le droit même de faire révoquer les mauvaises lois, en sont venus jusqu'à croire que rien n'est à eux que ce que la loi, bonne ou mauvaise, veut bien leur accorder. Ils semblent ignorer que la liberté, que la propriété sont antérieures à tout; que les hommes, en s'associant, n'ont pu avoir pour objet que de mettre leurs droits à couvert des entreprises des méchans, et de se livrer en même temps à l'abri de cette sécurité, à un développement de leurs facultés morales et physiques, plus étendu, plus énergique, et plus fécond en jouissances; qu'ainsi, leur propriété, accrue de tout ce qu'une nouvelle industrie a pu y ajouter dans l'état social, est bien à eux, et ne saurait jamais être considérée comme le don d'un pouvoir étranger; que l'autorité tutélaire est établie par eux; qu'elle l'est, non pour accorder ce qui leur appartient, mais pour le protéger; et qu'enfin, chaque citoyen, indistinctement, a un droit inattaquable, non à ce que la loi permet, puisque la loi n'a rien à permettre, mais à tout ce qu'elle ne défend pas.

A l'aide de ces principes élémentaires, nous pouvons déjà juger les priviléges. Ceux qui auraient pour objet de dispenser de la loi, ne peuvent se soutenir; toute loi, avons-nous observé, dit ou directement ou indirectement:

Ne fais pas tort à autrui ; ce serait donc dire aux privilégiés : *Permis à vous de faire tort à autrui.* Il n'est pas de pouvoir à qui il soit donné de faire une telle concession. Si la loi est bonne, elle doit obliger tout le monde ; si elle est mauvaise, il faut l'anéantir : elle est un attentat contre la liberté.

Pareillement, on ne peut donner à personne un droit exclusif à ce qui n'est pas défendu par la loi ; ce serait ravir aux citoyens une portion de leur liberté. Tout ce qui n'est pas défendu par la loi, avons-nous observé aussi, est du domaine de la liberté civile, et appartient à tout le monde. Accorder un privilége exclusif à quelqu'un sur ce qui appartient à tout le monde, ce serait faire tort à tout le monde pour quelqu'un : ce qui présente à la fois l'idée de l'injustice et de la plus absurde déraison.

Tous les priviléges sont donc, par la nature des choses, injustes, odieux et contradictoires à la fin suprême de toute société politique.

Les priviléges *honorifiques* ne peuvent être sauvés de la proscription générale, puisqu'ils ont un des caractères que nous venons de citer, celui de donner un droit exclusif à ce qui n'est pas défendu par la loi ; sans compter que, sous

le titre hypocrite de priviléges honorifiques,
il n'est presque point de profit pécuniaire qu'ils
ne tendent à envahir. Mais comme, même
parmi les bons esprits, on en trouve plusieurs
qui se déclarent pour ce genre de priviléges,
ou du moins qui demandent grâce pour eux,
il est bon d'examiner avec attention si réellement ils sont plus excusables que les autres.

Pour moi, je le dirai franchement, je leur
trouve un vice de plus, et ce vice me paraît
énorme : c'est qu'ils tendent à avilir le grand
corps des citoyens ; et, certes, ce n'est pas un
petit mal fait aux hommes que de les avilir.
Concevra-t-on jamais qu'on ait pu consentir à
vouloir ainsi humilier vingt-cinq millions huit
cent mille individus, pour en honorer ridiculement deux cent mille ? Le sophiste le plus
adroit voudrait-il bien nous montrer dans une
combinaison aussi anti-sociale, ce qu'il peut y
voir de conforme à l'intérêt général ?

Le titre le plus favorable à la concession
d'un privilége honorifique, serait d'avoir rendu
un grand service à la patrie, c'est-à-dire à la
nation, qui ne peut être que la généralité des
citoyens. Eh bien ! récompensez le membre
qui a bien mérité du corps ; mais n'ayez pas

l'absurde folie de rabaisser le corps vis-à-vis du membre. L'ensemble des citoyens est toujours la chose principale, la chose qui est servie. Doit-elle, en aucun sens, être sacrifiée au serviteur à qui il n'est dû un prix que pour l'avoir servie ?

Une contradiction aussi choquante aurait dû se faire généralement sentir ; et pourtant notre résultat paraîtra peut-être nouveau, ou du moins fort étrange. A cet égard il existe, parmi nous, une superstition invétérée qui repousse la raison, et s'offense même du doute. Quelques peuples sauvages se plaisent à de ridicules difformités, et leur rendent l'hommage dû aux charmes naturels. Chez les nations hyperboréennes, c'est à des excroissances politiques, bien plus difformes, et surtout bien autrement nuisibles, puisqu'elles rongent et ruinent le corps social, que l'on prodigue de stupides hommages. Mais la superstition passe, et le corps qu'elle dégradait reparaît dans toute sa force et sa beauté naturelle.

Quoi! dira-t-on, est-ce que vous ne voulez pas reconnaître les services rendus à l'État ? Pardonnez-moi ; mais je ne fais consister les récompenses de l'État en aucune chose qui soit injuste ou avilissante; il ne faut pas récompenser quelqu'un aux dépens d'un autre, et surtout aux dépens de presque tous les autres. Ne confondons point ici deux choses aussi différentes que le sont les *priviléges* et les *récompenses*.

Parlez-vous de services ordinaires? Il existe pour les acquitter, des salaires ordinaires, ou des gratifications de même nature. S'agit-il d'un service important, ou d'une action d'éclat? Offrez un avancement rapide de grade, ou un emploi distingué, en proportion des talens de celui que vous avez à récompenser. Enfin, s'il le faut, ajoutez la ressource d'une pension, mais dans un très-petit nombre de cas, et seulement lorsqu'à raison des circonstances, telles que vieillesse, blessures, etc., aucun autre moyen ne peut tenir lieu de récompense suffisante.

Ce n'est pas assez, dites-vous; il nous faut encore des distinctions apparentes; nous voulons nous assurer les égards et la considération publique....

A mon tour, je dois vous répondre que la véritable distinction est dans le service que vous avez rendu à la patrie, à l'humanité, et

que les égards et la considération publique ne
peuvent manquer d'aller où ce genre de mérite les appelle.

Laissez, laissez le public dispenser librement les témoignages de son estime. Lorsque
dans vos vues philosophiques vous la regardez,
cette estime, comme une monnaie morale,
puissante par ses effets, vous avez raison; mais
si vous voulez que le prince s'en arroge la distribution, vous vous égarez dans vos idées : la
nature, plus philosophe que vous, a placé la
vraie source de la considération dans les sentimens du peuple. C'est que chez le peuple sont
les vrais besoins; là réside la patrie, à laquelle
les hommes supérieurs sont appelés à consacrer leurs talens; là, par conséquent, devait
être déposé le trésor des récompenses qu'ils
peuvent ambitionner.

Les événemens aveugles, les mauvaises lois,
plus aveugles encore, ont conspiré contre la
multitude. Elle a été déshéritée, privée de tout.
Il ne lui reste que le pouvoir d'honorer de son
estime ceux qui la servent; elle n'a plus que ce
moyen d'exciter encore des hommes dignes de
la servir : voulez-vous la dépouiller de son dernier bien, de sa dernière réserve, et rendre

ainsi sa propriété même la plus intime, inutile
à son bonheur?

Les administrateurs ordinaires, après avoir
ruiné, avili le grand corps des citoyens, s'accoutument aisément à le négliger. Ils dédai-
gnent, ils méprisent presque de bonne foi un
peuple qui ne peut jamais être devenu méprisable que par leur crime. S'ils s'en occupent
encore, ce n'est que pour en punir les fautes.
Leur colère veille sur le peuple, leur tendresse
n'appartient qu'aux privilégiés. Mais alors
même la vertu et le génie s'efforcent encore
de remplir la destination de la nature. Une
voix secrète parle sans cesse au fond des âmes
énergiques et pures, en faveur des faibles.
Oui, les besoins sacrés du peuple seront éter-
nellement l'objet adoré des méditations du
philosophe indépendant, le but secret ou public des soins et des sacrifices du citoyen vertueux. Le pauvre, à la vérité, ne répond à ses
bienfaiteurs que par des bénédictions; mais
que cette récompense est supérieure à toutes
les faveurs du pouvoir! Ah! laissez le prix de
la considération publique couler librement du
sein de la nation pour acquitter sa dette envers
le génie et la vertu! Gardons-nous de violer

les sublimes rapports d'humanité que la nature a été attentive à graver dans le fond de nos cœurs. Applaudissons à cet admirable commerce de bienfaits et d'hommages qui s'établit, pour la consolation de la terre, entre les besoins des peuples reconnaissans, et les grands hommes surabondamment payés de tous leurs services par un simple tribut de reconnaissance. Tout est pur dans cet échange : il est fécond en vertu, puissant en bonheur, tant qu'il n'est point troublé dans sa marche naturelle et libre.

Mais, si la cour s'en empare, je ne vois plus dans l'estime publique qu'une monnaie altérée par les combinaisons d'un indigne monopole. Bientôt, de l'abus qu'on en fait, doit sortir et se déborder sur toutes les classes de citoyens l'immoralité la plus audacieuse. Les signaux convenus pour appeler la considération sont mal placés, ils en égarent le sentiment. Chez la plupart des hommes, ce sentiment finit par se corrompre par l'alliance même à laquelle on le force; comment échapperait-il au poison des vices auxquels il prend l'habitude de s'attacher? Chez le petit nombre de gens éclairés, l'estime se retire au fond du

cœur, indignée du rôle honteux auquel on
prétendait la soumettre; il n'y a donc plus
d'estime réelle : et pourtant son langage, son
maintien subsistent dans la société, pour prostituer de faux honneurs publics aux intrigans,
aux favoris, souvent aux hommes les plus cou-
pables.

Dans un tel désordre de mœurs, le génie est
persécuté, la vertu est ridiculisée; et, à côté,
une foule de signes et de décorations diver-
sement bigarrées commandent impérieusement
le respect et les égards envers la médiocrité,
la bassesse et le crime. Comment les honneurs
ne parviendraient-ils pas à étouffer l'honneur,
à corrompre tout-à-fait l'opinion, et à dégrader
toutes les âmes ?

En vain prétendriez-vous que, vertueux
vous-même, vous ne confondrez jamais le
charlatan habile ou le vil courtisan, avec le
bon serviteur qui présente de justes titres aux
récompenses publiques : à cet égard, l'expérience atteste vos nombreuses erreurs. Et après
tout, ne devez-vous pas convenir au moins,
que ceux à qui vous avez livré vos étranges
brevets d'honneur, peuvent ensuite dégénérer
dans leurs sentimens, dans leurs actions ? Ils

continueront pourtant à exiger, à attirer les
hommages de la multitude. Ce sera donc pour
des citoyens indignes, pour des hommes notés
peut-être par nos justes mépris, que vous
aurez aliéné sans retour une portion de la
considération publique.

Il n'en est pas ainsi de l'estime qui émane
des peuples. Nécessairement libre, elle se retire lorsqu'elle cesse d'être méritée. Plus pure
dans son principe, plus naturelle dans ses
mouvemens, elle est aussi plus certaine dans
sa marche, plus utile dans ses effets. Elle est
le seul prix toujours proportionné à l'âme du
citoyen vertueux; le seul propre à inspirer
de bonnes actions, et non à irriter la soif de
la vanité et de l'orgueil; le seul qu'on puisse
rechercher, et obtenir sans manœuvres et sans
bassesse.

Encore une fois, laissez les citoyens faire
les honneurs de leurs sentimens, et se livrer
d'eux-mêmes à cette expression si flatteuse,
si encourageante, qu'ils savent leur donner
comme par inspiration, et vous connaîtrez
alors au libre concours de toutes les âmes qui
ont de l'énergie, aux efforts multipliés de tous
les genres de bien, ce que doit produire, pour

l'avancement social, le grand réssort de l'estime publique (1).

Mais votre paresse et votre orgueil s'accom-
modent mieux des priviléges. Je le vois, vous
demandez moins à être distingné *par* vos
concitoyens, que vous ne chérchez à être
distingué *de* vos concitoyens (2). Le voilà

(1) Je parle, au surplus, d'une nation libre ou qui va
le devenir. Il est bien certain que la dispensation des
honneurs publics ne peut point appartenir à un peuple
esclave. Chez un peuple esclave, la monnaie morale est
toujours fausse, quelle que soit la main qui la distribue.

(2) Quand on devrait accuser cette note d'être un peu
métaphysique, sans connaître la valeur de ce mot devenu si effrayant pour les esprits inattentifs, je dirai que
la distinction *de* n'est rien que *différence*; elle appartient aux deux termes à la fois; car si *A* est distingué
de B, il est clair que, par la même raison, *B* sera distingué *de A*. Ainsi *A* et *B* sont entre eux, comme l'on
dit, à deux de jeu. Il faut bien que tous les individus,
tous les êtres soient différens l'un de l'autre. Il n'y a pas
là de quoi s'enorgueillir, ou tous y auraient le même
droit. Dans la nature, la supériorité ou l'infériorité ne
sont pas des choses de droit, mais des choses de fait :
celui-là devient supérieur qui l'emporte sur l'autre. Cet
avantage de fait suppose, à la vérité, plus de force d'un
côté que d'autre ; mais, si l'on veut en venir à ce premier titre, de quel côté sera la supériorité ? à qui croyez-

donc manifesté, ce sentiment secret, ce désir inhumain, plein d'orgueil, et pourtant si honteux, que vous vous efforciez de le cacher sous l'apparence de l'intérêt public. Ce n'est pas à l'estime ou à l'amour de vos semblables que vous aspirez; vous n'obéissez, au contraire, qu'aux irritations d'une vanité hostile contre des hommes dont l'égalité vous blesse. Vous faites, au fond de votre cœur, un reproche à la nature de n'avoir pas rangé vos concitoyens dans des espèces inférieures destinées uniquement à vous servir. Pourquoi tout le monde ne partage-t-il pas l'indignation qui m'anime? Certes, vous étiez loin d'avoir un intérêt personnel à la question qui nous occupe. Il s'a-

vous qu'elle appartienne? au corps des citoyens ou aux privilégiés?

La distinction *par est*, au contraire, le principe social le plus fécond en bonnes actions, en bonnes mœurs, etc. Mais si son siége est dans l'âme de ceux qui *distinguent*, et non dans la main de celui qui prétend dispenser les distinctions; si c'est un sentiment de leur part, et ne peut pas être autre chose sans cesser d'être une vérité, il faut dire aussi que ce sentiment est essentiellement libre, et qu'il y a une extrême folie, à qui que ce soit, de vouloir disposer malgré moi de mon estime et de mes hommages.

2

gissait des récompenses à décerner au mérite,
et non des châtimens qu'il faudrait, dans un
état policé, infliger aux plus perfides ennemis
de la félicité sociale.

De ces considérations générales sur les priviléges honorifiques, descendons maintenant
dans leurs *effets*, soit relativement à l'intérêt
public, soit relativement à l'intérêt des privilégiés eux-mêmes.

Au moment où les ministres impriment
le caractère de privilégié à un citoyen, ils
ouvrent son âme à un intérêt particulier, et la
ferment plus ou moins aux inspirations de l'intérêt commun. L'idée de patrie se resserre pour
le privilégié; elle se renferme dans la caste où
il est adopté. Tous ses efforts, auparavant employés avec fruit au service de la chose nationale, vont se tourner contre elle. On voulait
l'encourager à mieux faire; on n'a réussi qu'à
le dépraver.

Alors naît dans son cœur le besoin de pri-
mer, un désir insatiable de domination. Ce
désir, malheureusement trop analogue à la
constitution humaine, est une vraie maladie
anti-sociale; et si par son essence il doit toujours être nuisible, qu'on juge de ses ravages

lorsque l'opinion et la loi viennent lui prêter
leur puissant appui.

Pénétrez un moment dans les nouveaux sentimens d'un privilégié. Il se considère, avec ses
collègues, comme faisant un ordre à part, une
nation choisie dans la nation. Il pense qu'il se
doit d'abord à ceux de sa caste, et s'il continue
à s'occuper des autres, ce ne sont plus en effet
que les *autres*, ce ne sont plus les siens.
Ce n'est plus ce corps dont il était membre ; ce
n'est que le *peuple*, le peuple qui, bientôt dans
son langage, ainsi que dans son cœur, n'est
qu'un assemblage de *gens de rien*, une classe
d'hommes créée tout exprès pour servir ; au
lieu qu'il est fait, lui, pour commander et
pour jouir.

Oui, les privilégiés en viennent réellement à se regarder comme une autre espèce
d'hommes (1). Cette opinion, en apparence si
exagérée, et qui ne paraît pas renfermée dans
la notion du privilége, en devient insensible-
ment comme la conséquence naturelle, et finit

(1) Comme je ne veux pas qu'on m'accuse d'exagérer,
lisez à la fin une pièce authentique que je tire du procès
verbal de l'ordre de la noblesse aux Etats de 1614.

2 *

par s'établir dans tous les esprits. Je le demande à tout privilégié franc et loyal, comme sans doute il s'en trouve : lorsqu'il voit auprès de lui un homme du peuple, qui n'est pas venu là pour se faire protéger, n'éprouve-t-il pas, le plus souvent, un mouvement involontaire de répulsion, prêt à s'échapper sur le plus léger prétexte, par quelque parole dure, ou quelque geste offensant ?

Le faux sentiment d'une supériorité personnelle est tellement cher aux privilégiés, qu'ils veulent l'étendre à tous leurs rapports avec le reste des citoyens. Ils ne *sont point faits* pour être *confondus*, pour être *à côté*, pour concourir, ou se trouver *ensemble*, etc., etc. C'est se *manquer* essentiellement que de disputer, que de paraître avoir tort, quand on a tort ; c'est se *compromettre* même que d'avoir raison avec, etc., etc.....

Mais rien n'est plus curieux, à cet égard, que le spectacle qui s'offre dans des campagnes éloignées de la capitale. C'est là que le noble sentiment de sa supériorité se nourrit et s'enfle à l'abri de la raison et des passions des villes. Dans les vieux châteaux, le privilégié se respecte mieux, il peut se tenir plus long-temps

en extase devant les portraits de ses ancêtres,
et s'enivrer plus à loisir de l'honneur de des-
cendre d'hommes qui vivaient dans les trei-
zième et quatorzième siècles; car il ne soup-
çonne pas qu'un tel avantage puisse être
commun à toutes les familles. Dans son opinion, c'est un caractère particulier à certaines
races.

Souvent il présente, avec toute la modestie
possible, au respect des étrangers, cette suite
d'aïeux, dont la vue a si souvent excité en lui
les rêves les plus doux. Mais il s'arrête peu
sur le père ou le grand-père (ces mots ont
même je ne sais quoi d'offensant pour la dignité
d'une langue privilégiée). Ses ancêtres les
plus reculés sont les meilleurs, ils sont les plus
près de son amour, comme de sa vanité.

J'ai vu de ces longues galeries d'images pa-
ternelles ; elles ne sont pas précieuses par
l'art du peintre, ni même, il faut l'avouer,
par le sentiment de la parenté (1) ; mais qu'elles

(1) Qui n'a pas entendu, dans ces momens, le dé-
monstrateur faire des réflexions aimables sur *celui-ci,
qui, en douze cent et tant, était un rude chrétien: ses
vassaux n'avaient pas beau jeu, etc.,......; sur celui-là*
(bien entendu qu'on en prononce le nom ancien) *qui,*

sont sublimes par les souvenirs des temps et des mœurs de la *bonne féodalité!*

C'est dans les châteaux qu'on sent avec en-thousiasme, ainsi qu'il faut sentir les beaux-arts, tout l'effet d'un arbre généalogique, à rameaux touffus et à tige élancée. C'est là qu'on connaît, à n'en rien oublier, même dans les plus petites occasions, tout ce que *vaut* un homme comme il *faut* (1), et le rang dans lequel il faut placer tout le monde.

s'étant maladroitement engagé dans une trahison, paya de sa tête, etc.... mais toujours en *douze cent.....* Je veux raconter à ce sujet le propos assez récent d'une dame qui, dans un cercle nombreux et *bien composé*, blâmait à outrance la conduite criminelle, en effet, de quelqu'un d'une des plus grandes maisons du royaume. Tout à coup elle s'interrompt pour dire, d'un air diffi-cile à peindre : « Mais je ne sais pas pourquoi j'en dis « tant de mal, car j'ai *l'honneur* de lui appartenir. »

(1) Je renonce à saisir toutes les nuances, toutes les finesses du langage habituel des privilégiés ; nous aurions besoin pour cette langue d'un dictionnaire particulier qui serait neuf par plus d'un endroit ; car, au lieu d'y pré-senter le sens propre ou métaphorique des mots, il s'a-girait, au contraire, de détacher des mots leur véritable sens, pour ne rien laisser dessous qu'un vide pour la raison, mais d'admirables profondeurs pour le préjugé : nous y lirions ce que c'est qu'être privilégié d'un privi-

Auprès de ces hautes contemplations, combien paraissent petites et méprisables les occu-

lége qui n'a pas *commencé*. Ceux qui en ont de cette nature sont *des bons*; ils sont, par la *grâce* de Dieu, bien différens de cette foule de nouveaux privilégiés qui sont par la *grâce* du prince. On ne compte pas des citoyens qui, n'aspirant pas à être par *grâce*, sont réduits à ne se montrer que par leurs qualités personnelles : c'est fort peu de chose; c'est la nation. Nous apprendrions, dans ce nouveau dictionnaire, qu'il n'y a de la *naissance* que pour ceux qui n'ont point d'*origine*. Les privilégiés du prince eux-mêmes n'osent pas penser avoir plus d'une *demi-naissance*, et la nation n'en a point. Il serait superflu de remarquer que la naissance dont il s'agit ici n'est pas celle qui vient d'un père et d'une mère, mais celle que le prince donne avec un brevet et sa signature, ou mieux encore, celle qui vient de je ne sais où : c'est la plus estimée. Si vous avez cru, par exemple, que tout homme a nécessairement son père, son grand-père, ses aïeux, etc., vous vous êtes trompé. A cet égard, la certitude physique ne suffit pas : il n'y a de valable que l'attestation de M. Chérin. Pour être *ancien*, il faut être *des bons*, nous l'avons dit. Les nouveaux privilégiés sont *des hommes d'hier*, et les citoyens non privilégiés, je ne sais que vous dire, si ce n'est qu'apparemment ils ne sont pas encore nés. Je suis émerveillé, je l'avoue, du talent avec lequel les privilégiés prolongent à perte de vue, sans jamais se perdre, ces sublimes, quoique incessables conversations. Les plus curieux à entendre, à

pations des *gens* de la ville ! S'il était permis
d'en prononcer le véritable nom, on pourrait

mon avis, sont ceux qui, constamment à genoux devant
leur propre *honneur*, leurs propres prétentions, rient
pourtant de si bon cœur des mêmes prétentions chez les
autres. Je soutiens que les opinions des privilégiés sont
à la hauteur de leurs sentimens ; et, pour en donner une
nouvelle preuve, je vais exposer, d'après leur manière
de voir, le vrai tableau d'une société politique. Ils la
composent de six à sept classes subordonnées les unes
aux autres. Dans la première, sont *les grands seigneurs*,
c'est-à-dire cette partie des gens de la cour en qui sont
réunies la naissance, une grande place et l'opulence. La
seconde classe comprend les *présentés* connus, ceux qui
paraissent : ce sont les gens de *qualité*. En troisième
ligne viennent les *présentés* inconnus, qui n'en voulaient
qu'aux honneurs de la Gazette : ce sont les gens de *quelque chose*. On confond dans la classe des *non présentés*,
qui peuvent cependant être *bons*, tous les *gentillâtres*
de province : c'est l'expression dont ils se servent. Dans
la cinquième classe, il faut mettre les *anoblis* un peu
anciens, ou gens *de néant*. Dans la sixième, se présen-
tent ou plutôt sont relégués les nouveaux *anoblis* ou gens
moins que rien. Enfin, et pour ne rien oublier, on veut
bien laisser dans une septième division le reste des citoyens qu'il n'est pas possible de caractériser autrement
que par des injures. Tel est l'ordre social pour le préjugé
régnant, et je ne dis rien de nouveau que pour ceux qui
ne sont pas de ce monde.

se demander : Qu'est-ce qu'un *bourgeois* près d'un bon privilégié? Celui-ci a sans cesse les yeux sur le noble temps *passé*. Il y voit tous ses titres, toute sa force ; il vit de ses ancêtres. Le bourgeois, au contraire, les yeux toujours fixés sur l'ignoble *présent*, sur l'indifférent *avenir*, prépare l'un, et soutient l'autre par les ressources de son industrie. Il est, au lieu d'avoir été ; il essuie la peine, et qui pis est, la honte d'employer toute son intelligence, toute sa force à notre service actuel, et de vivre de son travail nécessaire à tous. Ah! pourquoi le privilégié ne peut-il aller dans le *passé* jouir de ses titres, de ses grandeurs, et laisser à une stupide nation le *présent* avec toute son ignobilité!

Un bon privilégié se complaît en lui-même, autant qu'il méprise les autres. Il caresse, il idolâtre sérieusement sa dignité personnelle ; et quoique tout l'effort d'une telle superstition ne puisse prêter à d'aussi ridicules erreurs le moindre degré de réalité, elles n'en remplissent pas moins toute la capacité de son âme ; le privilégié s'y abandonne avec autant de conviction, avec autant d'amour que le fou du Pyrée croyait à sa chimère.

La vanité, qui pour l'ordinaire est individuelle et se plaît à s'isoler, se transforme ici
promptement en un esprit de corps indomp-
table. Un privilégié vient-il à éprouver la
moindre difficulté de la part de la classe qu'il
méprise? d'abord il s'irrite; il se sent blessé
dans sa prérogative; il croit l'être dans son
bien, dans sa propriété; bientôt il excite, il
enflamme tous ses coprivilégiés, et il vient à
bout de former une confédération terrible,
prête à tout sacrifier pour le maintien, puis
pour l'accroissement de son odieuse prérogative. C'est ainsi que l'ordre politique se ren-
verse, et ne laisse plus voir qu'un détestable
aristocracisme.

Cependant, dira-t-on, on est poli dans la
société avec les non privilégiés, comme avec
les autres. Ce n'est pas moi qui ai remarqué, le
premier, le caractère de la politesse française.
Le privilégié français n'est pas poli parce
qu'il croit le *devoir* aux autres, mais parce
qu'il croit *se* le *devoir* à lui-même. Ce n'est
pas les droits d'autrui qu'il respecte, c'est soi,
c'est sa dignité. Il ne veut point être confondu,
par des manières vulgaires, avec ce qu'il
nomme *mauvaise compagnie*. Que dirai-je!

il craindrait que l'objet de sa politesse ne le prît pour un *non privilégié comme lui.*

Ah! gardez-vous de vous laisser séduire par des apparences grimacières et trompeuses; ayez le bon esprit de ne voir en elles que ce qui y est, un orgueilleux attribut de ces mêmes priviléges que nous détestons.

Pour expliquer la soif ardente d'acquérir des priviléges, on pensera peut-être que, du moins, au prix du bonheur public, il s'est composé, en faveur des privilégiés, un genre de félicité particulière, dans le charme enivrant de cette supériorité dont le petit nombre jouit, auquel un grand nombre aspire, et dont les autres sont réduits à se venger par les ressources de l'envie ou de la haine.

Mais oublierait-on que la nature n'imposa jamais des lois impuissantes ou vaines; qu'elle a arrêté de ne départir le bonheur aux hommes que dans l'égalité; et que c'est un échange perfide que celui qui est offert par la vanité contre cette multitude de sentimens naturels dont la félicité réelle se compose?

Écoutons là-dessus notre propre expé-

rience (1) ; ouvrons les yeux sur celle de tous
les grands privilégiés, de tous les grands mandataires que leur état expose à jouir, dans les
provinces, des prétendus charmes de la supé-

(1) La société est, pour tous ceux que le sort n'a pas
condamnés à un travail sans relâche, une source pure et
féconde de jouissances agréables : on le sent, et le peuple qui se croit le plus civilisé se vante aussi d'avoir la
meilleure société. Où doit être la meilleure société? là
sans doute où les hommes qui se conviendraient le mieux
pourraient se rapprocher librement, et ceux qui ne se
conviendraient pas, se séparer sans obstacle; là où, dans
un nombre donné d'hommes, il y en aurait davantage
qui posséderaient les talens et l'esprit de société, et où le
choix, parmi eux, ne serait embarrassé d'aucune considération étrangère au but qu'on se propose en se réunis-
sant. Qu'on dise si les préjugés d'état ne s'opposent point
de toutes manières à cet arrangement si simple ? Combien de maîtresses de maisons sont forcées d'éloigner les
hommes qui les intéresseraient le plus, par égard pour
les hauts privilégiés qui les ennuient ! Vous avez beau, dans
vos sociétés si vantées et si insipides, *singer* cette égalité
dont vous ne pouvez vous dispenser de sentir l'absolue
nécessité ; ce n'est pas dans des instans passagers que les
hommes peuvent se modifier intérieurement au point de
devenir les uns pour les autres ce qu'ils seraient sans
doute si l'égalité était la réalité de toute la vie, plutôt
que le jeu de quelques momens. Cette matière serait
inépuisable ; je ne puis qu'indiquer quelques vues.

riorité. Elle fait tout pour eux, cette supériorité; cependant ils se trouvent seuls : l'ennui
fatigue leur âme, et venge les droits de la nature. Voyez à l'ardeur impatiente avec laquelle
ils reviennent chercher des égaux dans la capitale, combien il est insensé de semer continuellement sur le terrain de la vanité, pour
n'y recueillir que les ronces de l'orgueil ou
les pavots de l'ennui.

Nous ne confondons point avec la supériorité absurde et chimérique, qui est l'ouvrage
des privilégiés, cette supériorité légale qui suppose seulement des gouvernans et des gouvernés. Celle-ci est réelle; elle est nécessaire;
elle n'enorgueillit pas les uns, elle n'humilie
pas les autres : c'est une supériorité de fonctions, et non de personnes. Or, puisque cette
supériorité même ne peut dédommager des douceurs de l'égalité, que doit-on penser de la
chimère dont se repaissent les simples privilégiés ?

Ah! si les hommes voulaient connaître leurs
intérêts; s'ils savaient faire quelque chose pour
leur bonheur! s'ils consentaient à ouvrir enfin
les yeux sur la cruelle imprudence qui leur a
fait dédaigner si long-temps les droits de ci

toyens libres, pour les vains priviléges de la
servitude, comme ils se hâteraient d'abjurer
les nombreuses vanités auxquelles ils ont été
dressés dès l'enfance ! comme ils se méfieraient
d'un ordre de choses qui s'allie si bien avec le
despotisme ! Les droits de citoyen embrassent
tout ; les priviléges gâtent tout et ne dédom-
magent de rien que chez des esclaves.

Jusqu'à présent j'ai confondu tous les priviléges, ceux qui sont héréditaires avec ceux que
l'on obtient soi-même ; ce n'est pas qu'ils soient
tous également nuisibles, également dangereux
dans l'état social. S'il y a des places dans l'ordre des maux et de l'absurdité, sans doute les
priviléges héréditaires y doivent occuper la
première, et je n'abaisserai pas ma raison jusqu'à prouver une vérité si palpable. Faire d'un
privilége une propriété transmissible, c'est vouloir s'ôter jusqu'aux faibles prétextes par lesquels on cherche à justifier la concession des
priviléges ; c'est renverser tout principe, toute
raison.

D'autres observations jetteront un nouveau
jour sur les funestes effets des priviléges. Remarquons auparavant une vérité générale,
c'est qu'une fausse idée n'a besoin que d'être

fécondée par l'intérêt personnel , et soutenue
de l'exemple de quelques siècles , pour corrompre à la fin tout l'entendement. Insensible-
ment, et de préjugés en préjugés, on tombe
dans un corps de doctrine qui présente l'extrême de la déraison ; et ce qu'il y a de plus
révoltant, sans que la longue et superstitieuse
crédulité des peuples en soit plus ébranlée.

Ainsi, voyons-nous s'élever sous nos yeux,
et sans que la nation songe même à réclamer,
de nombreux essaims de privilégiés dans une
forte et presque religieuse persuasion qu'ils
ont un droit acquis aux honneurs, par leur
naissance, et à une portion du tribut des peuples , par cela seul qu'ils continuent de vivre :
c'est pour eux un titre suffisant.

Ce n'était pas assez , en effet, que les privilégiés se regardassent comme une autre espèce
d'hommes; ils devaient se considérer modes-
tement, et presque de bonne foi, eux et leurs
descendans, comme un *besoin* des peuples,
non comme fonctionnaires de la chose publique : à ce titre, ils ressembleraient à l'univer-
salité des mandataires publics, de quelque
classe qu'on les tire. C'est comme formant un
corps privilégié qu'ils s'imaginent être néces-

saires à toute société qui vit sous un régime
monarchique. S'ils parlent aux chefs du gouvernement ou au monarque lui-même, ils se
représentent comme l'appui du trône, et ses
défenseurs naturels contre le peuple; si, au
contraire, ils parlent à la nation, ils deviennent alors les vrais défenseurs d'un peuple
qui, sans eux, serait bientôt écrasé par la
royauté.

Avec un peu plus de lumières, le gouvernement verrait qu'il ne faut dans une société que
des citoyens vivant et agissant sous la protection de la loi, et une autorité tutélaire chargée
de veiller et de protéger. La seule hiérarchie
nécessaire, nous l'avons dit, s'établit entre les
agens de la souveraineté; c'est là qu'on a besoin d'une gradation de pouvoirs; c'est là que
se trouvent les vrais rapports d'inférieur à supérieur, parce que la machine publique ne
peut se mouvoir qu'au moyen de cette corres-
pondance.

Hors de là, il n'y a que des citoyens égaux
devant la loi, tous dépendans, non les uns des
autres, ce serait une servitude inutile, mais de
l'autorité qui les protége, qui les juge, qui
les défend, etc. Celui qui jouit des plus grandes

possessions n'est pas *plus* que celui qui jouit de son salaire journalier. Si le riche paye plus de contributions, il offre plus de propriétés à protéger. Mais le denier du pauvre serait-il moins précieux, son droit moins respectable? et sa personne ne doit-elle pas reposer sous une protection au moins égale?

C'est en confondant ces notions simples que les privilégiés parlent sans cesse de la nécessité d'une subordination étrangère à celle qui nous soumet au gouvernement et à la loi. L'esprit militaire veut juger des rapports civils, et ne voit une nation que comme une grande caserne. Dans une brochure nouvelle n'a-t-on pas osé établir une comparaison entre le soldat et les officiers d'un côté, et de l'autre les privilégiés et les non privilégiés! Si vous consultiez l'esprit monacal, qui a tant de rapport avec l'esprit militaire, il prononcerait aussi qu'il n'y aura de l'ordre dans une nation que quand on l'aura soumise à cette foule de règlemens de détail avec lesquels il maîtrise ses nombreuses victimes. L'esprit monacal conserve parmi nous, sous un nom moins avili, plus de faveur qu'on ne pense.

Disons-le tout-à-fait, des vues aussi mes-

5

quines, aussi misérables, ne peuvent appartenir qu'à des gens qui ne connaissent rien aux
vrais rapports qui lient les hommes dans
l'état social. Un citoyen, quel qu'il soit, qui
n'est point mandataire de l'autorité, est entiè-
rement le maître de ne s'occuper qu'à améliorer
son sort et à jouir de ses droits, sans blesser
les droits d'autrui, c'est-à-dire sans manquer à
la loi. Tous les rapports de citoyen à citoyen
sont des rapports libres; l'un donne son temps
ou sa marchandise, l'autre rend en échange
son argent : il n'y a point là de subordination,
mais échange continuel.... (1). Si, dans votre

(1) Je crois important, pour la facilité de la conversation, de distinguer les deux hiérarchies dont nous venons
de parler, par les noms de *vraie* et de *fausse* hiérarchie. La gradation entre les gouvernans et l'obéissance
des gouvernés envers les différens pouvoirs légaux, forment la véritable hiérarchie nécessaire dans toutes les
sociétés. Celle des gouvernés entre eux n'est qu'une
fausse hiérarchie, inutile, odieuse, reste informe de
coutumes féodales. Pour concevoir une subordination
possible entre les gouvernés, il faudrait supposer une
troupe armée, s'emparant d'un pays, se rendant propriétaire, et conservant, pour la défense commune, les
rapports habitués de la discipline militaire. C'est que là,
le gouvernement est fondu dans l'état civil : ce n'est

étroite politique, vous distinguez un corps de
citoyens pour le mettre entre le gouvernement

pas un peuple, c'est une armée. Chez nous, au contraire, les différentes branches du pouvoir public existent à part, et sont organisées, y compris une armée immense, de manière à n'exiger des simples citoyens qu'une
contribution pour acquitter les charges publiques. Qu'on
ne s'y trompe point, au milieu de tous ces noms de
subordination, de *dépendance*, etc. que les privilégiés
invoquent avec tant de clameur, ce n'est pas l'intérêt de
la véritable subordination qui les conduit, ils ne font cas
que de la *fausse* hiérarchie; c'est celle-ci qu'ils voudraient rétablir sur les débris de la véritable. Ecoutez-les
lorsqu'ils parlent des agens ordinaires du gouvernement;
voyez avec quel dédain un bon privilégié croit devoir
les traiter. Que voient-ils dans un lieutenant de police?
un homme de peu ou de rien, établi pour faire peur au
peuple, et non pour se mêler de tout ce qui peut regarder les gens *comme il faut*. L'exemple que je cite
est à la portée de tout le monde; qu'on dise de bonne
foi s'il est un seul privilégié qui se croie subordonné au
lieutenant de police? Comment regardent-ils les autres
mandataires des différentes branches du pouvoir exécutif, excepté les seuls chefs militaires? Est-il si rare
de les entendre dire : « Je ne suis pas *fait pour* me sou-
« mettre au ministre; si le Roi me fait l'honneur de me
« donner des ordres, etc. » J'abandonne ce sujet à l'imagination ou plutôt à l'expérience du lecteur. Mais il était
bon de faire remarquer que les véritables ennemis de

5 *

et les peuples, ou ce corps partagera les fonctions du gouvernement, et alors ce ne sera pas
la classe privilégiée dont nous parlons, ou bien
il n'appartiendra pas aux fonctions essentielles
du pouvoir public, et alors qu'on m'explique
ce que peut être un corps intermédiaire, si ce
n'est une masse étrangère, nuisible, soit en
interceptant les rapports directs entre les gouvernans et les gouvernés, soit en pressant sur
les ressorts de la machine publique, soit enfin
en devenant, par tout ce qui la distingue du
grand corps des citoyens, un fardeau de plus
pour la communauté.

Toutes les classes de citoyens ont leurs fonctions, leur genre de travail particulier, dont
l'ensemble forme le mouvement général de la
société. S'il en est une qui prétende se sous-
traire à cette loi générale, on voit bien qu'elle
ne se contente pas d'être inutile, et qu'il faut
nécessairement qu'elle soit à charge aux autres.

Quels sont les deux grands mobiles de la société ? *l'argent* et *l'honneur*. C'est par le besoin
que l'on a de l'un et de l'autre qu'elle se sou-

la subordination et de la vraie hiérarchie, ce sont ces
hommes-là mêmes qui prêchent avec tant d'ardeur la
soumission à la *fausse* hiérarchie.

tient, et ce n'est pas l'un sans l'autre que ces deux besoins doivent se faire sentir dans une nation où l'on connaît le prix des bonnes mœurs. Le désir de mériter l'estime publique, et il en est une pour chaque profession, est un frein nécessaire à la passion des richesses. Il faut voir comment ces deux sentimens se modifient dans la classe privilégiée.

D'abord, *l'honneur* lui est assuré : c'est son apanage certain. Que pour les autres citoyens l'honneur soit le prix de la conduite, à la bonne heure ; mais aux privilégiés, il a suffi de naître. Ce n'est pas à eux à sentir le besoin de l'acquérir, et ils peuvent renoncer d'avance à tout ce qui tend à le mériter (1).

Quant à *l'argent*, les privilégiés, il est vrai, doivent en sentir vivement le besoin. Ils sont même plus exposés à se livrer aux inspirations de cette passion ardente, parce que le préjugé de leur supériorité les excite sans cesse à forcer leur dépense, et parce qu'en s'y livrant ils n'ont pas à craindre, comme les autres, de perdre tout honneur, toute considération.

(1) On doit s'apercevoir que nous ne confondons pas ici l'honneur avec *le point d'honneur*, par lequel on a cru le remplacer.

Mais, par une contradiction bizarre, en même temps que le préjugé d'état pousse continuellement le privilégié à déranger sa fortune, il lui interdit impérieusement presque toutes les voies honnêtes par où il pourrait parvenir à la réparer.

Quel moyen restera-t-il donc aux privilégiés pour satisfaire cet amour de l'argent qui doit les dominer plus que les autres ? *l'intrigue* et *la mendicité*. L'intrigue et la mendicité deviendront *l'industrie* particulière de cette classe de citoyens : ils sembleront, en quelque sorte, par ces deux professions, reprendre une place dans l'ensemble des travaux de la société. S'y attachant exclusivement, ils y excelleront ; ainsi, partout où ce double talent pourra s'exercer avec fruit, soyez sûr qu'ils s'établiront de manière à écarter toute concurrence de la part des non privilégiés.

Ils rempliront la cour, ils assiégeront les ministres, ils accapareront toutes les grâces, toutes les pensions, tous les bénéfices. *L'intrigue* jette à la fois un regard usurpateur sur l'église, la robe et l'épée. Elle découvre un revenu considérable ou un pouvoir qui y mène, attachés à une multitude innombrable de places, et bientôt elle parvient à faire considérer ces places comme des postes à argent, établis, non pour remplir des fonctions qui exigent des talens, mais pour assurer un état *convenable* à des familles privilégiées.

Ces hommes habiles ne se rassureront pas sur leur supériorité dans l'art de l'intrigue; comme s'ils craignaient que l'amour du bien public ne vînt, dans des momens de distraction, à séduire le ministère, ils profiteront à propos de l'ineptie ou de là trahison de quelques administrateurs; ils feront enfin consacrer leur monopole par de bonnes ordonnances, ou par un régime d'administration équivalent à une loi exclusive.

C'est ainsi qu'on dévoue l'État aux principes les plus destructeurs de toute économie publique: Elle a beau prescrire de préférer en toutes choses les serviteurs les plus habiles et les moins chers, le monopole commande de choisir les plus coûteux, et nécessairement les moins habiles, puisque le monopole a pour effet connu d'arrêter l'essor de ceux qui auraient pu montrer des talens dans une concurrence libre.

La mendicité privilégiée a moins d'inconvéniens pour la chose publique : c'est une

branche gourmande qui attire le plus de sève
qu'elle peut; mais au moins elle ne prétend
pas à remplacer les rameaux utiles; elle consiste, comme toute autre mendicité, à tendre
la main en s'efforçant d'exciter la compassion
et à recevoir gratuitement; seulement la pos-
ture est moins humiliante; elle semble, quand
il le faut, dicter un devoir, plutôt qu'implorer
un secours.

Au reste, il a suffi pour l'opinion que l'intrigue et la mendicité dont il s'agit ici fussent
spécialement affectées à la classe privilégiée,
pour qu'elles devinssent honorables et hono-
rées; chacun est bien venu à se vanter hautement de ses succès en ce genre; ils inspirent
l'envie, l'émulation, jamais le mépris.

Ce genre de mendicité s'exerce principale-
ment à la cour, où les hommes les plus puissans et les plus opulens en tirent le premier et
le plus grand parti.

De là cet exemple fécond va ranimer jusque dans le fond le plus reculé des provinces
la prétention honorable de vivre dans l'oisiveté, et aux dépens du public.

Ce n'est pas que l'ordre privilégié ne soit
déjà, et sans aucune espèce de comparaison,

le plus riche du royaume, que presque toutes les terres et les grandes fortunes n'appartiennent aux membres de cette classe ; mais le goût de la dépense et le plaisir de se ruiner sont supérieurs à toute richesse ; et il faut enfin qu'il y ait de pauvres privilégiés.

Mais à peine on entend le mot de *pauvre* s'unir à celui de *privilégié*, qu'il s'élève partout comme un cri d'indignation. Un privilégié hors d'état de soutenir son nom, son rang, est certes une honte pour la nation ; il faut se hâter de remédier à ce désordre public ; et, quoiqu'on ne demande pas expressément pour cela un excédant de contribution, il est bien clair que tout emploi des deniers publics ne peut avoir d'autre origine.

Ce n'est pas vainement que l'administration est composée de privilégiés ; elle veille avec une tendresse paternelle à tous leurs intérêts. Ici, ce sont des établissemens pompeux, vantés, comme l'on croit, de toute l'Europe, pour donner l'éducation aux pauvres privilégiés de l'un et de l'autre sexe. Inutilement le hasard se montrait plus sage que vos institutions, et voulait ramener ceux qui ont besoin à la loi commune de travailler pour vivre. Vous ne voyez dans ce retour au bon ordre qu'un crime de la fortune, et vous vous gardez bien de donner à vos élèves les habitudes d'une profession laborieuse, capable de faire vivre celui qui l'exerce.

Dans vos admirables desseins, vous allez jusqu'à leur inspirer une sorte d'orgueil d'avoir été de si bonne heure à charge au public ; comme si, dans aucun cas, il pouvait être plus glorieux de recevoir la charité que de n'en avoir pas besoin.

Vous les récompensez encore par des secours d'argent, par des pensions, par des cordons, d'avoir été exposés à goûter ce premier gage de votre tendresse.

A peine sortis de l'enfance, les jeunes privilégiés ont déjà un état et des appointemens ; et on ose les plaindre de leur modicité ! Voyez cependant parmi les non privilégiés du même âge, qui se destinent aux professions pour lesquelles il faut des talens et de l'étude, voyez s'il en est un seul qui, bien qu'attaché à des occupations vraiment pénibles, ne coûte longtem_s encore à ses parens de grandes avances, avant qu'il soit admis à la chance incertaine de retirer de ses longs travaux le nécessaire de la vie.

Toutes les portes sont ouvertes à la sollicitation des privilégiés; il leur suffit de se montrèr, et tout le monde se fait honneur de s'intéresser à leur avancement. On s'occupe avec chaleur de leurs affaires, de leur fortune. L'État lui-même, oui, la chose publique mille fois a concouru secrètement à leurs arrangemens de famille.

On l'a mêlée dans des négociations particulières de mariage; l'administration s'est prêtée à des créations de places, à des échanges ruineux, ou même à des acquisitions dont le trésor public a été forcé de fournir les fonds, etc., etc.

Les privilégiés qui ne peuvent atteindre à ces hautes faveurs trouvent ailleurs d'abondantes ressources. Une foule de chapitres pour l'un et l'autre sexe, des ordres militaires sans objet, ou dont l'objet est injuste et dangereux, leur offrent des prébendes, des commanderies, des pensions et toujours des décorations. Et comme si ce n'était pas assez des fautes de nos pères, on s'occupe avec un renouvellement d'ardeur, depuis quelques années, d'augmen-

ter le nombre de ces brillantes soldes de l'inutilité (1).

Ce serait une erreur de croire que la mendicité privilégiée dédaigne les petites occasions
ou les petits secours. Les fonds destinés aux
aumônes du roi sont en grande partie absorbés
par elle ; et pour se dire pauvre dans l'ordre
des privilégiés, on n'attend pas que la nature
pâtisse, il suffit que la vanité souffre. Ainsi,
la véritable indigence de toutes les classes de
citoyens est sacrifiée à des besoins de vanité.

En remontant un peu avant dans l'histoire,

(1) Il se manifeste une étrange contradiction dans la
conduite du gouvernement. Il aide, d'un côté, à déclamer
sans mesure contre les biens consacrés au culte, et qui
dispensent au moins le trésor national de payer cette
partie des fonctions publiques ; et il cherche en même
temps à dévouer le plus qu'il peut de ces biens, et
d'autres, à la classe des privilégiés sans fonctions. Il est
curieux de lire la liste des chapitres nouvellement créés,
ou divertis à l'usage des privilégiés de l'un et l'autre
sexe ; plus curieux encore de connaître les motifs se-
crets qui ont porté à manquer ainsi sans pudeur au véritable esprit des fondations ecclésiastiques qui, si elles
doivent être modifiées, ne doivent l'être au moins que
pour un intérêt vraiment national, et par la nation
seule.

on voit les privilégiés dans l'usage de ravir et de s'attribuer tout ce qui peut leur convenir. La violence et la rapine, sûres de l'impunité, pouvaient sans doute se passer de mendier ; ainsi, la mendicité privilégiée n'a dû commencer qu'avec les premiers rayons de l'ordre public, ce qui prouve sa grande différence d'avec la mendicité du peuple. Celle-ci se manifeste à mesure que le gouvernement se gâte, l'autre à mesure qu'il s'améliore. Il est vrai qu'avec quelques progrès de plus, il fera cesser à la fois ces deux maladies sociales ; mais certes, ce ne sera pas en les alimentant, ni surtout en faisant honorer celle des deux qui est la plus inexcusable.

On ne peut disconvenir qu'il n'y ait une prodigieuse habileté à dérober à la compassion ce qu'on ne peut plus arracher à la faiblesse ; à mettre ainsi à profit tantôt l'audace de l'oppresseur, tantôt la sensibilité de l'opprimé. La classe privilégiée, à cet égard, a su se distinguer de l'une et de l'autre manière. Du moment qu'elle n'a plus réussi à prendre de force, elle s'est hâtée, en toute occasion, de se recommander à la libéralité du roi et de la nation.

Les cahiers des anciens états généraux, ceux

des anciennes assemblées de notables, sont
pleins de demandes en faveur de la *pauvre
classe privilégiée* (1). Les Pays-d'États s'occupent depuis long-temps, et toujours avec un
zèle nouveau, de tout ce qui peut accroître le
nombre des pensions qu'ils ont su attribuer *à
la pauvre classe privilégiée.* Les administra-
tions provinciales suivent déjà de si nobles
traces, et les trois ordres en commun, parce
qu'ils ne sont encore composés que de privilégiés, écoutent avec une respectueuse appro-
bation tous les avis qui peuvent tendre à soulager *la pauvre classe privilégiée.* Les inten-
dans se sont procuré des fonds particuliers
pour cet objet; un moyen de succès pour eux
est de prendre un vif intérêt au triste sort de
la pauvre classe privilégiée; enfin, dans les
livres, dans les chaires, dans les discours aca-
démiques, dans les conversations, et partout,
voulez-vous intéresser à l'instant tous vos au-
diteurs ? il n'y a qu'à parler de *la pauvre classe*

(1) Aujourd'hui que les principes de justice générale
sont plus répandus, et que les assemblées de bailliages
auront de si grands objets à traiter, on peut espérer
sans doute qu'elles ne saliront pas leurs cahiers de ce
qu'on pouvait appeler autrefois *le couplet du mendiant.*

privilégiée. A voir cette pente générale des
esprits, et les innombrables moyens que la
superstition, à qui rien n'est impossible, s'est
déjà ménagés pour secourir les pauvres privilégiés, en vérité, je ne puis m'expliquer pourquoi on n'a pas encore ajouté à la porte des
églises, s'il n'existe déjà, un tronc pour *la
pauvre classe privilégiée* (1).

Il faut encore citer ici un genre de trafic
inépuisable en richesses pour les privilégiés.
Il est fondé, d'une part, sur la superstition
des noms ; de l'autre, sur une cupidité plus
puissante encore que la vanité. Je parle de ce
qu'on ose appeler des *mésalliances* (2), sans
que ce terme ait pu décourager les stupides
citoyens qui payent si cher pour se faire in-
sulter.

(1) Je m'attends bien que l'on trouvera cet endroit
de mauvais ton. Cela doit être : le pouvoir de proscrire,
sur ce prétexte, des expressions exactes, souvent même
énergiques, est encore un droit des privilégiés.

(2) On devrait bien, ne fût-ce que pour la clarté du
langage, se servir d'un autre mot pour désigner l'action
de tendre la main aux riches offrandes de la sottise : il
faudrait un mot qui marquât clairement aussi de quel
côté est la *mésalliance*.

Dès qu'à force de travail et d'industrie,
quelqu'un de l'ordre commun a élevé une fortune digne d'envie; dès que les agens du fisc,
par des moyens plus faciles, sont parvenus à
entasser des trésors, toutes ces richesses sont
aspirées par les privilégiés. Il semble que notre
malheureuse nation soit condamnée à travailler
et à s'appauvrir sans cesse pour la classe privilégiée.

Inutilement l'agriculture, les fabriques, le
commerce, et tous les arts réclament-ils, pour
se soutenir, pour s'agrandir, et pour la prospérité publique, une partie des capitaux im-
menses qu'ils ont servi à former; les privilégiés
engloutissent et les capitaux et les personnes;
tout est voué sans retour à la stérilité privilégiée (1).

La matière des priviléges est inépuisable
comme les préjugés qui conspirent à les soutenir. Mais laissons ce sujet, et épargnons-nous
les réflexions qu'il inspire. Un temps viendra
où nos neveux indignés resteront stupéfaits à

(1) Si l'*honneur* est, comme l'on dit, le *principe* de la
monarchie, il faut convenir au moins que la France fait
depuis long-temps de terribles sacrifices pour se fortifier
en *principe*.

la lecture de notre histoire., et donneront à la plus inconcevable démence les noms qu'elle mérite. Nous avons vu, dans notre jeunesse, des hommes de lettres se signaler par leur courage à attaquer des opinions aussi puissantes que pernicieuses à l'humanité. Aujourd'hui, leurs successeurs ne savent que répéter dans leurs propos et dans leurs écrits des raisonnemens surannés contre des préjugés qui n'existent plus. Le préjugé qui soutient les priviléges est le plus funeste qui ait affligé la terre; il s'est plus intimement lié avec l'organisation sociale ; il la corrompt plus profondément ; plus d'intérêts s'occupent à le défendre. Que de motifs pour exciter le zèle des vrais patriotes, et pour refroidir celui des gens de lettres nos contemporains !

4

NOTE

RELATIVE A LA PAGE 19.

Extrait du procès verbal de la Noblesse aux États de 1614, page 113.

Du mardi 25 Novembre : « *Et ayant eu audience, M. de Senecey* (1) *parla au Roi en cette sorte :*

Sire,

« La bonté de nos rois a concédé de tout temps cette liberté à leur noblesse, que de recourir à eux en toutes sortes d'occasions, l'éminence de leur qualité les ayant approchés auprès de leurs personnes, qu'ils ont toujours été les principaux exécuteurs de leurs royales actions.

« Je n'aurais jamais fait de rapporter à V. M. tout ce que l'antiquité nous apprend que la

---

(1) M. le baron de Senecey était président de la noblesse.

naissance a donné de prééminences à cet ordre,
et avec telle différence de ce qui est de tout le
reste du peuple, qu'elle n'en a jamais pu souffrir aucune sorte de comparaison. Je pourrais,
Sire, m'étendre en ce discours; mais une vérité
si claire n'a pas besoin de témoignage plus
certain que ce qui est connu de tout le monde...;
et puis je parle devant le roi; lequel, nous es-
pérons trouver aussi jaloux de nous conserver
en ce que nous participions de son lustre, que
nous saurions l'être de l'en requérir et sup-
plier, bien marris qu'une nouveauté extraordinaire nous ouvre la bouche plutôt aux
plaintes qu'aux très-humbles supplications
pour lesquelles nous sommes assemblés.

« Sire, votre majesté a eu pour agréable de
convoquer les états généraux des trois ordres
de votre royaume, ordres destinés et séparés
entre eux de fonctions et de qualités. L'église,
vouée au service de Dieu et au régime des
âmes, y tient le premier rang; nous honorons
les prélats et ministres comme nos pères, et
comme médiateurs de notre réconciliation avec
Dieu.

« La noblesse, Sire, y tient le second rang.
Elle est le bras droit de votre justice, le sou-

tien de votre couronne, et les forces invinci-
bles de l'État.

« Sous les heureux auspices et valeureuse
conduite des rois, au prix de leur sang, et
par l'emploi de leurs armes victorieuses, la
tranquillité publique a été établie, et par leurs
peines et travaux, le Tiers État va jouissant des
commodités que la paix leur apporte.

« Cet ordre, Sire, qui tient le dernier rang en
cette assemblée, ordre composé du peuple, des
villes et des champs, ces derniers sont quasi
tous hommagers et justiciables des deux premiers ordres; ceux des villes, bourgeois,
marchands, artisans, et quelques officiers. Ce
sont ceux-ci qui méconnaissent leur condition,
et oubliant toute sorte de devoirs, sans aveu
de ceux qu'ils représente nt, se veulent comparer à nous.

« J'ai honte, Sire, de vous dire les termes
qui de nouveau nous ont offensés. Ils compa-
rent votre État à une famille composée de
trois frères. Ils disent l'ordre ecclésiastique
être l'aîné, le nôtre le puîné, *et eux les cadets.* (1)

(1) Telle est l'injure dont la noblesse demande ven-
geance. La veille, le lieutenant civil, à la tête d'une dé-

« En quelle misérable condition sommes-
nous tombés, si cette parole est véritable! En
quoi tant de services rendus d'un temps im-
mémorial, tant d'honneurs et de dignités transmis héréditairement à la noblesse, et mérités
par leurs labeurs et fidélité, l'auraient-elle
bien, au lieu de l'élever, tellement rabaissée,
qu'elle fût avec le vulgaire en la plus étroite
sorte de société qui soit parmi les hommes,
qui est la fraternité! Et non contens de se dire
frères, ils s'attribuent la restauration de l'État
à quoi, comme la France sait assez qu'ils n'ont
aucunement participé, aussi chacun connaît
qu'ils ne peuvent en aucune façon se comparer
à nous, et serait insupportable une entreprise
si mal fondée.

« Rendez, Sire, le jugement, et par une
déclaration pleine de justice, faites-les mettre

putation du Tiers État, avait osé dire : « Traitez-nous
« comme vos frères *cadets*, et nous vous honorerons et
« aimerons. » Toute cette tracasserie doit être lue dans
le procès verbal même, à commencer par le discours du
président Savaron, qui en fut le prétexte. On trouvera
dans la réponse du baron de Senecey à la députation du
Tiers, du 24 novembre, des expressions plus outrageantes
encore que celles qui remplissent le discours du Roi.

ter le nombre de ces brillantes soldes de l'inutilité (1).

Ce serait une erreur de croire que la mendicité privilégiée dédaigne les petites occasions
ou les petits secours. Les fonds destinés aux
aumônes du roi sont en grande partie absorbés
par elle ; et pour se dire pauvre dans l'ordre
des privilégiés, on n'attend pas que la nature
pâtisse, il suffit que la vanité souffre. Ainsi,
la véritable indigence de toutes les classes de
citoyens est sacrifiée à des besoins de vanité.

En remontant un peu avant dans l'histoire,

(1) Il se manifeste une étrange contradiction dans la
conduite du gouvernement. Il aide, d'un côté, à déclamer
sans mesure contre les biens consacrés au culte, et qui
dispensent au moins le trésor national de payer cette
partie des fonctions publiques ; et il cherche en même
temps à dévouer le plus qu'il peut de ces biens, et
d'autres, à la classe des privilégiés sans fonctions. Il est
curieux de lire la liste des chapitres nouvellement créés,
ou divertis à l'usage des privilégiés de l'un et l'autre
sexe ; plus curieux encore de connaître les motifs se-
crets qui ont porté à manquer ainsi sans pudeur au véritable esprit des fondations ecclésiastiques qui, si elles
doivent être modifiées, ne doivent l'être au moins que
pour un intérêt vraiment national, et par la nation
seule.

QU'EST-CE QUE

LE

TIERS ÉTAT?

QU'EST-CE QUE

LE

TIERS ÉTAT ?[*]

« Tant que le *philosophe* n'excède point les limites
de la vérité, ne l'accusez pas d'aller trop loin. Sa
fonction est de marquer le but ; il faut donc qu'il
y soit arrivé. Si restant en chemin il osait y
élever son enseigne, elle pourrait être trompeuse.
Au contraire, le devoir de l'*administrateur* est de
combiner et de *graduer* sa marche, suivant la
nature des difficultés..... Si le philosophe n'est
au but, il ne sait où il est ; si l'administrateur ne
voit le but, il ne sait où il va. »

Le plan de cet écrit est assez simple. Nous
avons trois questions à nous faire.

1°. Qu'est-ce le Tiers État ? — Tout.

2°. Qu'a-t-il été jusqu'à présent dans l'ordre
politique ? — Rien.

[*] Cet ouvrage, composé pendant *les Notables* de
1788, a été publié dans les premiers jours de janvier
1789. Il peut servir de suite à l'*Essai sur les Priviléges*.

3°. Que demande-t-il ? — A ÊTRE QUELQUE CHOSE.

On va voir si les réponses sont justes. Jusque-là , ce serait à tort qu'on taxerait d'exagération des vérités dont on n'a pas encore vu les preuves. Nous examinerons ensuite les moyens que l'on a essayés, et ceux que l'on doit prendre afin' que le Tiers État devienne, en effet , *quelque chose*. Ainsi nous dirons :

4°. Ce que les ministres ont *tenté* , et ce que les privilégiés eux-mêmes *proposent* en sa faveur.

5°. Ce qu'on aurait *dû* faire.

6°. Enfin, ce qui *reste* à faire au Tiers pour prendre la place qui lui est due.

CHAPITRE PREMIER.

Le Tiers État est une nation complète.

QUE faut-il pour qu'une nation subsiste et prospère ? Des travaux *particuliers* et des fonctions *publiques*.

On peut renfermer dans quatre classes tous les travaux particuliers : 1°. La terre et l'eau fournissent la matière première des besoins de l'homme : la première classe, dans l'ordre des idées, sera celle de toutes les familles attachées aux travaux de la campagne. 2°. Depuis la première vente des matières jusqu'à leur consommation ou leur usage, une nouvelle main d'œuvre, plus ou moins multipliée, ajoute à ces matières une valeur seconde plus ou moins composée. L'industrie humaine parvient ainsi à perfectionner les bienfaits de la nature, et le produit brut double, décuple, centuple de valeur. Tels sont les travaux de la seconde classe. 3°. Entre la

production et la consommation , comme aussi
entre les différens degrés de production , il
s'établit une foule d'agens intermédiaires ,
utiles tant aux producteurs qu'aux consomma-
teurs : ce sont les marchands et les négocians : les
négocians qui , comparant sans cesse les besoins
des lieux et des temps , spéculent sur le profit
de la garde et du transport ; les marchands qui
se chargent, en dernière analyse, du débit, soit
en gros , soit en détail. Ce genre d'utilité ca-
ractérise la troisième classe. 4°. Outre ces trois
classes de citoyens laborieux et utiles qui s'occupent de l'*objet* propre à la consommation et
à l'usage, il faut encore, dans une société, une
multitude de travaux particuliers et de soins
directement utiles ou agréables à la *personne*.
Cette quatrième classe embrasse depuis les
professions scientifiques et libérales les plus
distinguées jusqu'aux services domestiques les
moins estimés.

Tels sont les travaux qui soutiennent la société. Qui les supporte ? Le Tiers État.

Les fonctions publiques peuvent également,
dans l'état actuel , se ranger toutes sous quatre
dénominations connues : l'épée , la robe , l'é-
glise et l'administration. Il serait superflu de

les parcourir en détail, pour faire voir que le
Tiers État y forme par tout les dix-neuf ving-
tièmes, avec cette différence, qu'il est chargé
de tout ce qu'il y a de vraiment pénible, de
tous les soins que l'ordre privilégié refuse d'y
remplir. Les places lucratives et honorifiques
seules y sont occupées par des membres de
l'ordre privilégié. Lui en ferons-nous un mérite? Il faudrait pour cela, ou que le Tiers re-
fusât de remplir ces places, ou qu'il fût moins
en état d'en exercer les fonctions. On sait ce
qui en est. Cependant on a osé frapper l'ordre
du Tiers d'interdiction. On lui a dit : « Quels
« que soient tes services, quels que soient tes
« talens, tu iras jusque-là; tu ne passeras pas
« outre. Il n'est pas bon que tu sois honoré. »
De rares exceptions, senties comme elles doivent l'être, ne sont qu'une dérision, et le langage qu'on se permet dans ces occasions, une
insulte de plus.

Si cette exclusion est un crime social envers
le Tiers État, si c'est une véritable hostilité,
pourrait-on dire au moins qu'elle est utile
à la chose publique? Eh! ne connaît-on pas
les effets du monopole? S'il décourage ceux
qu'il écarte, ne sait-on pas qu'il rend moins

habiles ceux qu'il favorisé? Ne sait-on pas
que tout ouvrage dont on éloigne la libre concurrence sera fait plus chèrement et plus
mal?

En dévouant une fonction quelconque à
servir d'apanage à un ordre distinct parmi les
citoyens, a-t-on fait attention que ce n'est
plus alors seulement l'homme qui travaille
qu'il faut salarier, mais aussi tous ceux de la
même caste qui ne sont pas employés, mais
aussi les familles entières de ceux qui sont employés et de ceux qui ne le sont pas? A-t-on
remarqué que, dès que le gouvernement devient le patrimoine d'une classe particulière, il
s'enfle bientôt hors de toute mesure, les places
s'y créent, non pour le besoin des gouvernés,
mais pour celui des gouvernans, etc., etc.?
A-t-on fait attention que cet ordre de choses,
bassement, et j'ose le dire, *bêtement* respecté
parmi nous, nous le trouvons en lisant l'histoire de l'ancienne Égypte, et les relations
de voyages aux grandes Indes, méprisable,
monstrueux, destructif de toute industrie,
ennemi des progrès sociaux, surtout avilis-
sant pour l'espèce humaine en général, et
intolérable en particulier pour des Euro-

péens, etc., etc. (1)? Mais il faut laisser des considérations qui, en agrandissant la question, en l'éclairant, peut-être, par de nouveaux jours, ralentiraient pourtant notre marche (2).

Il suffit ici d'avoir fait sentir que la prétendue utilité d'un ordre privilégié pour le service public n'est qu'une chimère; que sans lui tout ce qu'il y a de pénible dans ce service est acquitté par le Tiers; que sans lui les places supérieures seraient infiniment mieux remplies; qu'elles devraient être naturellement le lot et la récompense des talens et des services reconnus; et que, si les privilégiés sont parvenus à usurper tous les postes lucratifs et honorifiques, c'est tout à la fois une iniquité odieuse pour la généralité des citoyens, et une trahison pour la chose publique.

Qui donc oserait dire que le Tiers État n'a pas en lui tout ce qu'il faut pour former une

_____

(1) Voyez, au sujet des castes indiennes, l'*Histoire philosophique et politique des deux Indes*, liv. 1.

(2) Qu'on nous permette seulement de faire observer combien il est souverainement absurde, lorsqu'on soutient, d'un côté, avec éclat, que la nation n'est pas *faite* pour son chef, de vouloir, d'un autre côté, qu'elle soit *faite* pour les aristocrates.

nation complète? Il est l'homme fort et ro-
buste dont un bras est encore enchaîné. Si
l'on ôtait l'ordre privilégié, la nation ne serait
pas quelque chose de moins, mais quelque
chose de plus. Ainsi, qu'est-ce que le Tiers?
tout, mais un tout entravé et opprimé. Que
serait-il sans l'ordre privilégié? tout; mais un
tout libre et florissant : rien ne peut aller sans
lui; tout irait infiniment mieux sans les autres.

Il ne suffit pas d'avoir montré que les privilégiés, loin d'être utiles à la nation, ne peuvent que l'affaiblir et lui nuire; il faut prouver
encore que l'ordre noble (1) n'entre point dans

(1) Je ne parle pas du clergé : si vous le considérez
comme un corps chargé d'un service public, il appartient
à l'organisation sociale, puisque tout service public fait
partie du gouvernement. Lorsqu'on dit que le clergé est
plutôt une *profession* qu'un *ordre*, les ecclésiastiques
du onzième siècle, ou qui, par calcul, font semblant
d'en être, se plaignent qu'on les déprime; ils ont tort.
C'est précisément parce que le clergé est une profession
qu'il est quelque chose parmi nous. S'il n'était qu'un
ordre, il ne serait rien de réel. Plus on fera de progrès
dans la science morale et politique, plus on se convain-
cra qu'il n'y a dans une société que des professions pri-
vées et des professions publiques. Hors de là, ce ne sont
que billevesées ou dangereuses chimères, ou institutions

on voit les privilégiés dans l'usage de ravir et
de s'attribuer tout ce qui peut leur convenir.
La violence et la rapine, sûres de l'impunité,
pouvaient sans doute se passer de mendier;
ainsi, la mendicité privilégiée n'a dû commencer qu'avec les premiers rayons de l'ordre
public, ce qui prouve sa grande différence
d'avec la mendicité du peuple. Celle-ci se manifeste à mesure que le gouvernement se gâte,
l'autre à mesure qu'il s'améliore. Il est vrai
qu'avec quelques progrès de plus, il fera cesser
à la fois ces deux maladies sociales; mais certes, ce ne sera pas en les alimentant, ni surtout en faisant honorer celle des deux qui est
la plus inexcusable.

On ne peut disconvenir qu'il n'y ait une
prodigieuse habileté à dérober à la compassion
ce qu'on ne peut plus arracher à la faiblesse;
à mettre ainsi à profit tantôt l'audace de l'oppresseur, tantôt la sensibilité de l'opprimé. La
classe privilégiée, à cet égard, a su se distinguer de l'une et de l'autre manière. Du moment
qu'elle n'a plus réussi à prendre de force, elle
s'est hâtée, en toute occasion, de se recommander à la libéralité du roi et de la nation.

Les cahiers des anciens états généraux, ceux

nobles. Je sais qu'il est des individus, en trop grand nombre, que les infirmités, l'incapacité, une paresse incurable, ou le torrent des mauvaises mœurs rendent étrangers aux travaux de la société (a). L'exception et l'abus sont partout à côté de la règle, et surtout dans un vaste empire ; mais l'on conviendra que moins il y a de ces abus, mieux l'État passe pour être ordonné. Le plus mal ordonné de tous serait celui où non - seulement des particuliers isolés, mais une classe entière de citoyens mettrait sa gloire à rester immobile au milieu du mouvement général, et saurait consumer la meilleure part du produit, sans avoir concouru en rien à le faire naître. Une telle

meurs végétales qui ne peuvent vivre que de la sève des plantes qu'elles fatiguent et dessèchent. Le clergé, la robe, l'épée et l'administration font quatre classes de mandataires publics nécessaires partout. Pourquoi les accuse-t-on en France d'*aristocracisme* ? c'est que la caste noble en a usurpé toutes les bonnes places ; elle s'en est fait comme un bien héréditaire : aussi l'exploite-t-elle, non dans l'esprit de la loi sociale, mais à son profit particulier.

(a) Un homme du tiers, propriétaire d'une terre qu'il afferme, ne travaille en cette qualité ni plus ni moins qu'un noble.   (M.)

classe est assurément étrangère à la nation par sa *fainéantise*.

L'ordre noble n'est pas moins étranger au milieu de nous par ses prérogatives *civiles et politiques*.

Qu'est-ce qu'une nation? un corps d'associés vivant sous une loi *commune*, et représentés par la même *législature*, etc.

N'est-il pas trop certain que l'ordre noble a des priviléges, des dispenses qu'il ose appeler ses droits, séparés des droits du grand corps des citoyens? Il sort par-là de l'ordre commun, de la loi commune. Ainsi ses droits civils en font déjà un peuple à part dans la grande nation : c'est véritablement *imperium in imperio* (a).

A l'égard de ses droits *politiques*, il les exerce aussi à part : il a ses représentans à lui, qui ne sont nullement chargés de la procuration des peuples. Le corps de ses députés siége à part; et quand il s'assemblerait dans une même salle avec les députés des simples ci-

___

(a) En sortant de l'ordre commun par des priviléges, le noble, propriétaire, ne peut pas perdre sa qualité de citoyen attachée à cette qualité. (M.)

5 *

toyens, il n'en est pas moins vrai que sa représentation est essentiellement distincte et
séparée ; elle est étrangère à la nation, d'abord
par son *principe*, puisque sa mission ne vient
pas du peuple ; ensuite par son *objet*, puisqu'il
consiste à défendre, non l'intérêt général,
mais l'intérêt particulier.

Le Tiers embrasse donc tout ce qui appartient
à la nation ; et tout ce qui n'est pas le Tiers ne
peut pas se regarder comme étant de la nation (*a*). Qu'est-ce que le Tiers ? tout (1).

(*a*) Quelle étrange idée que de refuser à un nombre de
citoyens, possesseurs de la moitié ou du moins d'un tiers
des terres nationales, le droit de se regarder comme
étant de la nation.   (M.)

(1) Depuis la première édition de cette brochure, un
auteur estimable a voulu être plus exact ; il a dit : Le Tiers
État est la nation, *moins* le clergé et la noblesse. J'avoue
que je n'aurais jamais eu la force d'annoncer cette grande
vérité. Quelqu'un peut venir, qui dira : La noblesse est
la nation, *moins* le clergé et le Tiers État ; le clergé est la
nation, *moins* le Tiers État et la noblesse. Ce sont là assurément des propositions géométriquement démontrées.
Je vous en demande pardon ; mais si vous n'avez pas eu
le projet de n'articuler qu'une vérité simplement niaise,
si vous avez conçu auparavant ce qu'est une nation,
quelles en sont les parties intégrantes, comment il n'y a
que des travaux publics et des travaux particuliers, et

comment le Tiers État suffit pour remplir tous ces travaux ; si vous avez observé que les secours que l'État retire, à cet égard, d'une caste privilégiée sont excessive-
ment ruineux ; si vous avez vu qu'à ces tristes priviléges
tiennent toutes les erreurs et tous les maux qui affligent
et affligeront long-temps encore la nation française ; si
vous savez qu'il ne faut dans une monarchie, comme
dans tous les régimes politiques quelconques, que des
gouvernans et des gouvernés, et qu'une caste à qui le
plus sot préjugé permet d'usurper toutes les places et de
vivre de priviléges, n'offrira bientôt que des gouvernans
avec despotisme, et des gouvernés avec insubordination,
qu'elle sera la plus rude charge que le Ciel, dans sa colère, ait pu imposer à un peuple, et deviendra un obstacle presque insurmontable à tout projet de retour à la
justice, à tout progrès vers l'ordre social ; si votre esprit,
dis-je, a saisi promptement toutes ces vérités, et mille
autres qui appartiennent également à notre sujet, comment n'avoir pas énoncé franchement que le Tiers est
tout ? Comment avez-vous pu conclure une telle suite
de considérations par ce froid corollaire : Le Tiers est la
la nation, *moins* le clergé et la noblesse.

CHAPITRE II.

Qu'est-ce que le Tiers État a été jusqu'à présent? — Rien.

Nous n'examinerons point l'état de servitude où le peuple a gémi si long-temps, non plus que celui de contrainte et d'humiliation où il est encore retenu. Sa condition civile a changé; elle doit changer encore : il est bien impossible que la nation en corps, ou même qu'aucun ordre en particulier devienne libre si le Tiers État ne l'est pas. On n'est pas libre par des priviléges, mais par les droits de citoyen, droits qui appartiennent à tous.

Que si les aristocrates entreprennent, au prix même de cette liberté, dont ils se montreraient indignes, de retenir le peuple dans l'oppression, il osera demander à quel titre. Si l'on répond à titre de conquête, il faut en convenir, ce sera vouloir remonter un peu haut. Mais le Tiers ne doit pas craindre de re-

monter dans les temps passés ; il se reportera
à l'année qui a précédé la conquête ; et puisqu'il est aujourd'hui assez fort pour ne pas se
laisser conquérir, sa résistance sans doute sera
plus efficace. Pourquoi ne renverrait-il pas
dans les forêts de la Franconie toutes ces familles qui conservent la folle prétention d'être
issue de la race des conquérans, et d'avoir suc-
cédé à *des droits de conquête ?*

La nation, alors épurée, pourra se consoler,
je pense, d'être réduite à ne se plus croire
composée que des descendans des Gaulois et
des Romains. En vérité, si l'on tient à vouloir
distinguer naissance et naissance, ne pourrait-
on pas révéler à nos pauvres concitoyens que
celle qu'on tire des Gaulois et des Romains
vaut au moins autant que celle qui viendrait
des Sicambres, des Welches et autres sauvages
sortis des bois et des marais de l'ancienne
Germanie ? Oui, dira-t-on ; mais la conquête a
dérangé tous les rapports, et la noblesse de
naissance a passé du côté des conquérans. Eh
bien ! il faut la faire repasser de l'autre côté ;
le Tiers redeviendra noble en devenant con-
quérant à son tour.

Mais si tout est mêlé dans les races, si le

sang des Francs, qui n'en vaudrait pas mieux
séparé, coule confondu avec celui des Gaulois,
si les ancêtres du Tiers État sont les pères de la
nation entière, ne peut-on espérer de voir cesser un jour ce long parricide qu'une classe
s'honore de commettre journellement contre
toutes les autres ? Pourquoi la raison et la justice fortes, un jour, autant que la vanité, ne
presseraient-elles pas les privilégiés de solli-
citer eux-mêmes, par un intérêt nouveau, mais
plus vrai, plus social, leur *réhabilitation* dans
l'ordre du Tiers État?

Suivons notre objet. Il faut entendre par
le Tiers État l'ensemble des citoyens qui appartiennent à l'ordre commun. Tout ce qui est
privilégié par la loi, de quelque manière qu'il
le soit, sort de l'ordre commun, fait exception
à la loi commune, et, par conséquent, n'appartient point au Tiers État. Nous l'avons dit,
une loi commune et une représentation commune, voilà ce qui fait *une* nation. Il est trop
vrai sans doute que l'on n'est *rien* en France
quand on n'a pour soi que la protection de la
loi commune : si l'on ne tient pas à quelque
privilége, il faut se résoudre à endurer le mépris, l'injure et les vexations de toute espèce.

Pour s'empêcher d'être tout-à-fait écrasé, que reste-t-il au malheureux non privilégié? la ressource de s'attacher par toutes sortes de bassesses à un grand; il achète au prix de ses mœurs et de la dignité d'homme, la faculté de pouvoir, dans les occasions, se réclamer de *quelqu'un*.

Mais c'est moins dans son état civil que dans ses rapports avec la constitution, que nous avons à considérer ici l'ordre du Tiers : voyons ce qu'il est aux États généraux.

Quels ont été ses prétendus représentans? des anoblis ou des privilégiés à terme. Ces faux députés n'ont pas même toujours été l'ouvrage libre de l'élection des peuples; quelquefois, aux États généraux, et presque partout dans les états provinciaux, la représentation du peuple est regardée comme un droit de certaines charges ou offices.

L'ancienne noblesse ne peut pas souffrir les nouveaux nobles; elle ne leur permet de siéger avec elle que lorsqu'ils peuvent prouver, comme l'on dit, quatre générations et cent ans. Ainsi, elle les repousse dans l'ordre du

Tiers État, auquel évidemment ils n'appartiennent plus (1).

Cependant, aux yeux de la loi, tous les

(1) L'ancienne vanité vient sur cela de céder à un intérêt mieux entendu. Dans les pays d'élection, la noblesse des bailliages a senti qu'il n'était pas adroit d'irriter les nouveaux nobles, et de les forcer de soutenir, par dépit, le parti du Tiers. Les pays d'États, etc., avaient adopté cette conduite mal habile. L'expérience a montré que c'était une faute; on s'en corrige, et l'on admet tous ceux dont la noblesse est *transmissible*, de sorte que plusieurs personnes qui, dans les pays d'États et dans les assemblées provinciales, n'avaient pu siéger que dans le Tiers, ont été, dans les bailliages, et seront, aux États généraux, reçues sans difficulté dans l'ordre de la noblesse. Mais encore que signifie cette distinction entre les nobles qui peuvent transmettre la noblesse, et ceux qui ne peuvent pas, dit-on, la *transmettre?* Eh bien! qu'ils ne la *transmettent* pas, cela ne regarde que leurs enfans; mais il n'est pas question de faire délibérer, dans nos assemblées, les enfans à qui leurs pères n'ont pas encore transmis la noblesse; il ne s'agit que des pères qui sûrement ont acquis, au moins pour eux, en vertu d'un brevet, ce que vous dites qu'ils n'ont point encore acquis pour leur génération : *personnellement* ils sont nobles; admettez donc leur *personne* à voter dans l'enceinte de la noblesse.

nobles sont égaux, celui d'hier comme celui qui réussit bien ou mal à cacher son origine ou son usurpation; tous ont les mêmes priviléges; l'opinion seule les distingue. Mais si le Tiers État est forcé de supporter un préjugé consacré par la loi, il n'y a pas de raison pour qu'il se soumette à un préjugé contre le texte de la loi.

Qu'on fasse des nouveaux nobles tout ce qu'on voudra; il est sûr que dès l'instant qu'un citoyen acquiert des priviléges contraires au droit commun, il n'est plus de l'ordre commun; son nouvel intérêt est opposé à l'intérêt général : il est inhabile à voter pour le peuple.

Ce principe incontestable écarte pareillement de la représentation de l'ordre du Tiers les simples privilégiés à terme; leur intérêt est aussi plus ou moins ennemi de l'intérêt commun; et, quoique l'opinion les range dans le Tiers État, et que la loi reste muette à leur égard, la nature des choses, plus forte que l'opinion et la loi, les place invinciblement hors de l'ordre commun.

Dira-t-on que vouloir distraire du Tiers État non-seulement les privilégiés héréditaires,

mais encore ceux qui ne jouissent que de priviléges à terme, c'est vouloir, de gaieté de
cœur, affaiblir cet ordre en le privant de ses
membres les plus éclairés, les plus courageux
et les plus estimés?

Il s'en faut bien que je veuille diminuer la
force ou la dignité du Tiers État, puisqu'il se
confond toujours, dans mon esprit, avec l'idée
d'une nation ; mais, quel que soit le motif qui
nous dirige, pouvons-nous faire que la vérité
ne soit pas la vérité? Parce qu'une armée a eu
le malheur de voir déserter ses meilleures trou-
pes, faut-il encore qu'elle leur confie son camp
à défendre? Tout privilége, ou ne saurait trop
le répéter, est opposé au droit commun : donc
tous les privilégiés, sans distinction, forment
une classe différente et opposée au Tiers État.
En même temps j'observe que cette vérité ne
doit rien avoir d'alarmant pour les amis du
peuple. Au contraire, elle ramène au grand
intérêt national, en faisant sentir avec force
la nécessité de supprimer à l'instant tous les
priviléges à terme (1) qui divisent le Tiers État,

(1) Quelques officiers municipaux, les procureurs au
présidial de Rennes, etc., ont déjà donné le bel exemple

ét sembleraient condamner cet ordre à mettre
ses destinées entre les mains de ses ennemis.
Au reste, il ne faut point séparer cette observation de celle qui suit : l'abolition des priviléges dans le Tiers État n'est pas la perte des
exemptions dont quelques-uns de ses membres
jouissent ; ces exemptions ne sont autre chose
que le droit commun. Il a été souverainement
injuste d'en priver la généralité du peuple ;
ainsi je réclame , non la perte d'un droit, mais
sa restitution (1) ; et si l'on m'oppose qu'en
rendant communs quelques-uns de ces priviléges, comme, par exemple, celui de ne point
tirer à la milice (2), on s'interdirait le moyen

de renoncer à toutes exemptions ou privilèges qui les
distingueraient du peuple.

(1) Il est sûr que la communauté des priviléges est
le meilleur moyen de rapprocher les ordres , et de préparer la plus importante des lois, celle qui convertira
les ordres en une nation.

(2) Je ne puis m'empêcher de marquer mon étonnement de ce que les gentilshommes sont exempts de tirer
à la milice ; c'est mépriser bien haut le seul prétexte auquel on cherche à rallier tant de prétentions surannées.
De quoi demandera-t-on le prix, si ce n'est *du sang versé
pour le Roi ?* M. C...., par sa citation, a frappé cet

de remplir un besoin social, je réponds que tout besoin public doit être à la charge de tout le monde, et non d'une classe particulière de citoyens, et qu'il faut être aussi étranger à toute réflexion qu'à toute équité, pour ne pas trouver un moyen plus national de compléter, et de maintenir tel état militaire qu'on veuille avoir.

Ainsi, soit à défaut total d'élection, soit pour n'avoir pas été élus par la généralité des membres du Tiers des villes et des campagnes qui avaient droit à se faire représenter, soit parce qu'à titre de privilégiés, ils n'étaient pas même éligibles, les prétendus députés du Tiers qui ont paru jusqu'à présent aux États généraux n'avaient point la véritable procuration du peuple.

On paraît quelquefois étonné d'entendre se plaindre d'une triple *aristocratie* d'église, d'épée et de robe. On veut que ce ne soit là qu'une manière de parler; mais cette expression doit être prise à la rigueur. Si les États généraux sont l'interprète de la volonté gé-

___

éternel refrain d'un ridicule ineffable : « Le sang du peuple était-il donc de l'eau ! »

nérale, et ont, à ce titre, le pouvoir législatif, n'est-il pas certain que là est une véritable aristocratie où les états généraux ne
sont qu'une assemblée *clérico - nobili - judi-
cielle?*

Ajoutez à cette effrayante vérité que, d'une
manière ou d'autre, toutes les branches du
pouvoir exécutif sont tombées aussi dans la
caste qui fournit l'église, la robe et l'épée.
Une sorte d'esprit de confraternité ou de *com-
pérage* fait que les nobles se préfèrent entre
eux, et pour tout, au reste de la nation. L'u-
surpation est complète; ils règnent véritablement.

Qu'on lise l'histoire avec le projet d'examiner si les faits sont conformes ou contraires
à cette assertion, et l'on s'assurera, j'en ai fait
l'expérience, que c'est une grande erreur de
croire que la France soit soumise à un régime
monarchique. Otez de nos annales quelques
années de Louis XI, de Richelieu, et quelques
momens de Louis XIV, où l'on ne voit que
despotisme tout pur, vous croirez lire l'histoire d'une aristocratie *aulique.* C'est la cour
qui a régné et non le monarque; c'est la cour
qui fait et défait, qui appelle et renvoie les

ministres, qui crée et distribue les places, etc.
Et qu'est-ce que la cour, sinon la tête de cette
immense aristocratie qui couvre toutes les
parties de la France, qui, par ses membres,
atteint à tout, et exerce partout ce qu'il y a
d'essentiel dans toutes les parties de la chose
publique? Aussi le peuple s'est-il accoutumé
à séparer dans ses murmures le monarque,
des moteurs du pouvoir. Il a toujours regardé
le Roi comme un homme si sûrement trompé,
et tellement sans défense au milieu d'une cour,
active et toute-puissante, qu'il n'a jamais pensé
à lui imputer tout le mal qui s'est fait sous son
nom. Ne suffit-il pas enfin d'ouvrir les yeux
sur ce qui se passe en ce moment autour de
nous? Que voit-on? l'aristocratie seule com-
battant tout à la fois la raison, la justice, le
peuple, le ministre et le Roi. L'issue de cette
terrible lutte est encore incertaine: qu'on dise
que l'aristocratie est une chimère!

Résumons: le Tiers État n'a pas eu jusqu'à
présent de vrais représentans aux États généraux: ainsi ses droits politiques sont nuls.

CHAPITRE III.

Que demande le Tiers État? à devenir quelque chose.

Il ne faut point juger de ses demandes par les observations isolées de quelques auteurs plus ou moins instruits des droits de l'homme. Le Tiers État est encore fort reculé à cet égard, je ne dis pas seulement sur les lumières de ceux qui ont étudié l'ordre social, mais encore sur cette masse d'idées communes qui forment l'opinion publique. On ne peut apprécier les véritables pétitions du Tiers que par les réclamations authentiques que les grandes municipalités du royaume ont adressées au gouvernement. Qu'y voit-on? que le peuple veut être *quelque chose*, et en vérité, le moins qu'il est possible. Il veut avoir, 1°. de vrais représentans aux États généraux, c'est-à-dire des députés *tirés de son ordre*, qui soient habiles à être les interprètes de son vœu et les défenseurs

6

de ses intérêts. Mais à quoi lui servirait d'assister aux États généraux, si l'intérêt contraire au sien y prédominait ? Il ne ferait que consacrer par sa présence l'oppression dont il serait l'éternelle victime. Ainsi, il est bien certain qu'il ne peut venir voter aux États généraux, s'il ne doit pas y avoir *une influence au moins égale à celle des privilégiés ;* et il demande, 2°. un nombre de représentans égal à celui des deux autres ordres ensemble. Enfin, cette égalité de représentation deviendrait parfaitement illusoire, si chaque chambre avait sa voix séparée. Le Tiers demande donc, 3°. que les votes y soient pris *par têtes et non par ordres* (1). Voilà à quoi se réduisent ces réclamations qui ont paru jeter l'alarme chez les privilégiés ; ils ont cru que par cela seul la réforme des abus devenait indispensable.

(1) Par le résultat du conseil, du 27 décembre, on vient de lui *accorder* la seconde demande, sans s'expliquer sur la troisième, et en lui refusant tout net la première. Mais n'est-il pas évident que l'une ne peut pas aller sans l'autre ? Elles forment un tout : en détruire une, c'est les annuler toutes les trois. Nous dirons plus bas à qui il appartient de prononcer sur tout ce qui touche à la constitution.

La modeste intention du Tiers État est d'avoir aux États généraux une influence *égale* à celle des privilégiés. Je le répète, peut-il demander moins ? Et n'est-il pas clair que si son influence y est au-dessous de l'égalité, on ne peut pas espérer qu'il sorte de sa nullité politique et qu'il devienne *quelque chose ?*

Mais ce qu'il y a de véritablement malheureux, c'est que les trois articles qui forment la réclamation du Tiers sont insuffisans pour lui donner cette égalité d'influence dont il ne peut point en effet se passer. Vainement obtiendra-t-il un nombre égal de représentans tirés de son ordre : l'influence des privilégiés viendra toujours se placer et dominer dans le sanctuaire même du Tiers. Où sont les postes, les emplois, les bénéfices à donner? De quel côté est le besoin de la protection; et de quel côté, le pouvoir de protéger? Il y a dans cette seule considération de quoi faire trembler tous les amis du peuple.

Ceux des non privilégiés qui paraîtraient les plus propres, par leurs talens, à soutenir les intérêts de leur ordre, ne sont-ils pas élevés dans un respect superstitieux ou forcé envers la noblesse? On sait combien les hommes en

6 *

général sont faciles à se plier à toutes les habitudes qui peuvent leur devenir utiles. Ils s'occupent constamment d'améliorer leur sort ; et
lorsque l'industrie personnelle ne peut avancer
par les voies honnêtes, elle se jette dans de
fausses routes. Nous lisons que, chez des peuples anciens, on accoutumait les enfans à ne
recevoir leur nourriture qu'après s'être livrés
à des exercices ou violens ou adroits. C'était le
moyen de les y faire exceller. Parmi nous, la
classe la plus habile du Tiers État est forcée,
pour obtenir son nécessaire, de s'exercer à la
flatterie, et de se vouer au service des hommes
puissans, sorte d'éducation moins honorable,
moins sociale, mais tout aussi efficace. Cette
malheureuse partie de la nation en est venue à
former comme une grande antichambre, où
sans cesse occupée de ce que disent ou font ses
maîtres, elle est toujours prête à tout sacrifier
aux fruits qu'elle se promet du bonheur de
plaire. A voir de pareilles mœurs, comment
ne pas craindre que les qualités les plus propres à la défense de l'intérêt national ne soient
prostituées à celle des préjugés ? Les défenseurs
les plus hardis de l'aristocratie seront dans l'ordre du Tiers État, et parmi les hommes qui, nés

avec beaucoup d'esprit et peu d'âme , sont aussi avides de fortune, de pouvoir et des caresses des grands, qu'incapables de sentir le prix de la liberté.

Outre l'empire de l'aristocratie , qui en France dispose de tout, et de cette superstition féodale qui avilit encore la plupart des esprits, il y a l'influence de la propriété : celle-ci est naturelle , je ne la proscris point (a); mais on conviendra qu'elle est encore tout à l'avantage des privilégiés, et qu'on peut redouter avec raison qu'elle ne leur prête son puissant appui contre le Tiers État. Les municipalités ont cru trop facilement qu'il suffisait d'écarter la personne des privilégiés de la représentation du peuple, pour être à l'abri de l'influence des priviléges. Dans les campagnes et partout, quel est le seigneur un peu populaire qui n'ait à ses ordres, s'il le veut bien, une foule indéfinie d'hommes du peuple ? Calculez les suites et les contre-coups de cette première influence, et rassurez-vous, si vous le pouvez, sur les résultats d'une assemblée

(a) Cela ne suffit pas ; il fallait reconnaître ses droits , ce que l'auteur ne fait en aucun endroit. (M.)

que vous voyez fort loin des premiers comices,
mais qui n'en est pas moins une combinaison
de ces premiers élémens. Plus on considère ce
sujet, plus on aperçoit l'insuffisance des trois
demandes du Tiers. Mais enfin, telles qu'elles
sont, on les a attaquées avec force : examinons
les prétextes d'une hostilité aussi odieuse.

§ I.

PREMIÈRE DEMANDE.

*Que les représentans du Tiers État ne soient
choisis que parmi les citoyens qui appartiennent véritablement au Tiers.*

Nous avons déjà expliqué que, pour appartenir véritablement au Tiers, il ne fallait être
taché d'aucune espèce de privilége, ou qu'il
fallait s'en purger sur-le-champ, et complè-
tement.

Les gens de robe parvenus à la noblesse par
une porte qu'ils ont arrêté, on ne sait pas
pourquoi, de fermer après eux (1), veulent à

(1) Ils disent qu'ils veulent dorénavant *se bien composer;* et, dans ce dessein qui mène à l'orgueil par
l'humilité, puisque c'est supposer qu'ils étaient *mauvaise*

toute force être des États généraux. Ils se sont
dit : La noblesse ne veut pas de nous ; nous ne
voulons pas du Tiers ; s'il était possible que
nous formassions un ordre particulier, cela
serait admirable ; mais nous ne le pouvons pas.
Comment faire ? Il ne nous reste qu'à maintenir l'ancien abus par lequel le Tiers députait
des nobles, et par là nous satisferons nos désirs, sans manquer à nos prétentions. Tous les
nouveaux nobles, quelle que soit leur origine,
se sont hâtés de répéter dans le même esprit : Il
faut que le Tiers puisse députer des gentils-
hommes. La vieille noblesse, qui se dit la
bonne, n'a pas le même intérêt à conserver cet
abus ; mais elle sait calculer. Elle a dit : Nous
mettrons nos enfans dans la chambre des communes ; et en tout, c'est une excellente idée
que de nous charger de représenter le Tiers. ,

Une fois la volonté bien décidée, les raisons, comme l'on sait, ne manquent jamais.
Il faut, a-t-on dit, conserver l'ancien *usage*...

compagnie, ils ont adopté une mesure avec laquelle
toutes les places de la robe ne pourront plus guère appartenir qu'aux familles qui les possèdent aujourd'hui.
On se souvient de ce que nous avons dit plus haut de
l'aristocracisme avide de tous les pouvoirs.

Excellent usage, qui, pour représenter le Tiers, l'a positivement exclus, jusqu'à ce moment, de la représentation ? L'ordre du Tiers a ses droits politiques, comme ses droits civils; il doit exercer par lui-même les uns comme les autres (1). Quelle idée que celle de *distinguer* les ordres pour l'utilité des deux premiers, et le malheur du troisième ; et de les *confondre* dès que cela est encore utile aux deux premiers, et nuisible à la nation! Quel usage à maintenir, que celui en vertu duquel les ecclésiastiques et les nobles pourraient s'emparer de la chambre du Tiers! De bonne foi, se croiraient-ils représentés si le Tiers pouvait envahir la députation de leurs ordres?

Il est permis, pour montrer le vice d'un principe, d'en pousser les conséquences jusqu'où elles peuvent aller. Je me sers de ce moyen, et je dis : Si les gens des trois Etats se permettent de donner indifféremment leur procuration à qui il leur plaît, il est possible qu'il n'y ait que des membres d'un seul ordre à l'assemblée. Admettrait-on, par exemple,

---

(1) Ce principe est de la plus grande importance : il sera développé plus bas.

que le clergé seul pût représenter toute la
nation? Je vais plus loin : après avoir chargé
un ordre de la confiance des trois États, réu-
nissons sur un seul individu la procuration de
tous les citoyens : soutiendra-t-on qu'un seul
individu pourrait remplacer les États généraux?
Quand un principe mène à des conséquences
absurdes, c'est qu'il est mauvais.

On ajoute que c'est nuire à la liberté des
commettans que de les borner dans leur choix.
J'ai deux réponses à faire à cette prétendue difficulté. La première, qu'elle est de mauvaise
foi, et je le prouve. On connaît la domination
des seigneurs sur les paysans et autres habitans
des campagnes; on connaît les manœuvres ac-
coutumées ou possibles de leurs nombreux
agens, y compris les officiers de leurs justices.
Donc, tout seigneur qui voudra influencer la
première élection est, en général, assuré de
se faire députer au bailliage, où il ne s'agira
plus que de choisir parmi les seigneurs eux-
mêmes ou parmi ceux qui ont mérité leur plus
intime confiance. Est-ce pour la liberté du
peuple que vous vous ménagez le pouvoir de
surprendre et dérober sa confiance? Il est af-
freux d'entendre profaner le nom sacré de la

liberté, pour cacher les desseins qui y sont le plus contraires. Sans doute, il faut laisser aux commettans toute leur liberté , et c'est pour cela même qu'il est nécessaire d'exclure de leur députation tous les privilégiés, trop accoutumés à dominer impérieusement le peuple.

Ma seconde réponse est directe : il ne peut y avoir, dans aucun genre, une liberté ou un droit sans limites. Dans tous les pays, la loi a fixé des caractères certains, sans lesquels on ne peut être ni électeur ni éligible. Ainsi, par exemple, la loi doit déterminer un âge au-dessous duquel on sera inhabile à représenter ses concitoyens. Ainsi les femmes sont partout, bien ou mal, éloignées de ces sortes de procurations. Il est constant qu'un vagabond, un mendiant, ne peuvent être chargés de la confiance politique des peuples. Un domestique , et tout ce qui est dans la dépendance d'un maître, un étranger non naturalisé, seraient-ils admis à figurer parmi les représentans de la nation ? La liberté publique a donc ses limites comme la liberté civile. Il s'agit seulement de savoir si la condition de non éligibilité que le Tiers réclame n'est pas aussi essentielle que toutes celles que je viens d'indi-

quer. Or, la comparaison est toute en sa faveur ; car un mendiant, un étranger, peuvent
n'avoir pas un intérêt opposé à l'intérêt du
Tiers ; au lieu que le noble et l'ecclésiastique
sont, par état, amis des priviléges dont ils
profitent. Ainsi la condition exigée par le Tiers
est pour lui la plus importante de toutes celles
que la loi, d'accord avec l'équité et la nature
des choses, doit mettre au choix des représentans (a).

Pour faire ressortir davantage ce raisonne-
ment, je fais une hypothèse. Je suppose que
la France est en guerre avec l'Angleterre, et
que tout ce qui est relatif aux hostilités se conduit, chez nous, par un directoire composé
de représentans. Dans ce cas, je le demande, permettrait-on aux provinces, sous
prétexte de ne pas choquer leur liberté, de
choisir pour leurs députés au directoire des
membres du ministère anglais ? Certes, les
privilégiés ne se montrent pas moins ennemis
de l'ordre commun que les Anglais ne le sont
des Français en temps de guerre. Parmi les
images qui se multiplient et se pressent dans

(a) Cette condition a été violée par l'auteur.   (M.)

mon cerveau, j'en choisis encore une. S'il était
question d'une diète générale des peuples ma-
ritimes pour régler la liberté et la sûreté de la
navigation, croyez-vous que Gênes, Livourne,
Venise, etc., choisiraient leurs ministres plé-
nipotentiaires chez les Barbaresques; ou que
cette loi fût bonne, qui permettrait à de riches
forbans d'acheter ou de séduire les voix à
Gênes, etc.? Je ne sais si cette comparaison est
exagérée, mais elle éclaircit, à mon gré, ce
que j'avais à dire. Au surplus, j'espère, comme
un autre, puisque les lumières ne peuvent pas
rester long-temps sans effet, que les aristocrates cesseront un jour de se montrer les Al-
gériens de la France.

Par une suite de ces principes, on ne doit
point souffrir que ceux du Tiers qui appartiennent trop exclusivement aux membres des
deux premiers ordres puissent être chargés
de la confiance des communes : on sent qu'ils
en sont incapables par leur position dépendante; et cependant, si l'exclusion n'était pas
formelle, l'influence des seigneurs, devenue
inutile pour eux-mêmes, ne manquerait pas
de s'exercer en faveur des gens dont ils disposent. Je demande surtout qu'on fasse atten-

tion aux nombreux agens de la féodalité (1).
C'est aux restes odieux de ce régime barbare
que nous devons la division encore subsistante,
pour le malheur de la France, de trois ordres
ennemis l'un de l'autre. Tout serait perdu si
les mandataires de la féodalité venaient à usurper la députation de l'ordre commun. Qui ne
sait que les serviteurs se montrent plus âpres.

(1) Des vexations sans nombre de la part de ces agens
désolent encore les campagnes. On peut dire que l'ordre
privilégié traîne une queue aussi fâcheuse que lui-même.
Le fisc avec ses cent bras ne pèse pas plus fortement
sur les peuples. Eh bien! n'est-il pas inconcevable que
les aristocrates osent se faire un titre de tant de maux
pour insinuer au peuple que ses véritables ennemis sont
dans le Tiers État, comme si les suppôts de la féodalité,
comme si les gens de toutes livrées et de toutes dénominations qui vivent dans la dépendance de l'aristocratie, appartenaient véritablement au Tiers État? Il
n'est que trop vrai, les plus dangereux ennemis du peuple sont dans ces classes détachées de l'intérêt national,
quoique ce ne soit pas sous le nom d'*ordres* que les privilégiés soudoient à leur service. En France, en Hollande et partout, on a de terribles exemples de la coa-
lition naturelle entre la multitude la plus dépendante de
ses besoins, la plus facile à égarer, et les ordres privilégiaires. Disons la vérité : dans tous les pays du monde,
la C........ appartient à l'aristocratie.

et plus hardis pour l'intérêt de leurs maîtres,
que les maîtres eux-mêmes. Je sais que cette
proscription s'étend sur beaucoup de monde,
puisqu'elle regarde en particulier tous les officiers des justices seigneuriales (1), etc.; mais
c'est ici la force des choses qui commande.

(1) *Des justices patrimoniales !* Il est difficile d'imaginer rien de plus contraire à la saine politique.. C'est
aux jurisconsultes que nous devons d'avoir relevé le plus
qu'ils ont pu des ruines de l'anarchie féodale; d'avoir
revêtu ce ténébreux échafaudage d'une apparence de
forme légale, et peut-être d'y avoir semé des piéges nouveaux. Il faut avoir une singulière idée de la *propriété*
pour y confondre les *fonctions publiques*, et pour voir
sans étonnement dans un pays que l'on dit monarchique
le sceptre brisé en mille morceaux, et les voleurs trans-
formés en propriétaires légitimes. Ne devrait-on pas
s'apercevoir que sous ce mot non défini de *propriété*, il
a pu se glisser ce qu'il y a de plus opposé à la véritable
propriété, par exemple le *droit* de nuire aux autres ? Y a-
t-il une possession, quelque longue qu'elle soit, qui puisse
légitimer un tel désordre ? Nous ne parlons plus des fonctions publiques qui, sans doute, ne peuvent jamais devenir la propriété d'un particulier, ni être distraites du
devoir souverain; je parle des usurpations manifestes sur
la liberté ou la propriété *communes.* Je demande qu'on
m'explique ce que c'est qu'un *seigneur,* et d'où vient
qu'il faut des *vassaux ?* Ces rapports métaphysiques (car

Le Dauphiné a donné sur cela un grand exemple. Il est nécessaire d'écarter, comme lui, de l'éligibilité du Tiers les gens du fisc et leurs cautions, ceux de l'administration, etc. Quant aux fermiers des biens appartenans aux deux premiers ordres, je pense bien aussi que,

je ne parle point des obligations pécuniaires ou réelles) appartiennent-ils à une bonne association politique? Il est certainement possible que le terme tutélaire de *propriété* couvre des vols réels, de ces vols qui ne prescrivent point. Je suppose, en effet, qu'à défaut de police, Cartouche se fût établi plus solidement sur un grand chemin, aurait-il acquis un véritable droit de péage? S'il avait eu le temps de vendre cette sorte de monopole, jadis assez commun, à un successeur de bonne foi, son droit en serait-il devenu plus respectable dans les mains de l'acquéreur? Pourquoi regarde-t-on toujours la restitution comme un acte moins juste ou plus impossible que le vol? En troisième lieu, il y a des possessions d'une origine légale, qui peuvent néanmoins être jugées nuisibles à la chose publique : celles-là attendent, avec raison, une indemnité; mais encore faut-il les éteindre. Après ce triage politique, si juste et si nécessaire, soyez sûr que nous tomberons tous à genoux devant le nom sacré de la *propriété*, et ne croyez pas que celui qui possède le moins y soit moins intéressé que celui qui possède le plus; ne croyez pas surtout que ce soit attaquer la véritable propriété que de décrier la fausse.

dans leur condition actuelle, ils sont trop dépendans pour voter librement en faveur de
l'ordre commun. Mais ne puis-je espérer que
le législateur consentira un jour à s'éclairer
sur les intérêts de l'agriculture, sur ceux du
civisme et de la prospérité publique ; qu'il
cessera enfin de confondre l'âpreté fiscale avec
l'œuvre du gouvernement? Alors on permettra,
on favorisera les *baux à vie* sur la tête du
fermier, et nous ne les regarderons plus, ces
fermiers si précieux, que comme des tenanciers
libres (*a*), très-propres assurément à soutenir
les intérêts de la nation (1).

(*a*) On peut les regarder comme investis par le bail,
même d'une partie de la propriété.　　　　(M.)

(1) Un aristocrate qui veut plaisanter sur ce qu'il appelle les prétentions du Tiers État, affecte de ne voir cet
ordre que dans *son sellier, son cordonnier*, etc. ; il croit
choisir le langage le plus propre à inspirer du mépris
pour le Tiers ; mais pourquoi les métiers les moins relevés
déshonoreraient-ils *l'ordre du Tiers*, puisqu'ils ne désho-
norent point une *nation*?.. Quand, au contraire, on
veut semer la division, on a soin de distinguer le Tiers
en différentes classes, afin d'exciter, de soulever les unes
contre les autres. On anime les habitans des villes contre
ceux des campagnes ; on cherche à opposer les pauvres
aux riches. Combien, s'il était permis de tout dire, je

On a cru renforcer la difficulté que nous venons de détruire, en avançant que le Tiers État n'avait pas de membres assez éclairés, assez courageux, etc., pour le représenter, et qu'il fallait recourir aux lumières de la noblesse.... Cette ridicule assertion ne mérite pas de réponse. Considérez les classes *disponibles* du Tiers État ; et j'appelle, avec tout le monde, classes disponibles (*a*), celles où une sorte d'aisance permet aux hommes de recevoir une éducation libérale, de cultiver leur raison, enfin, de s'intéresser aux affaires publiques. Ces classes-là n'ont pas d'autre intérêt que celui du reste du peuple. Voyez si elles ne contiennent pas assez de citoyens instruits, honnêtes,

raconterais des traits plaisans d'une hypocrisie privilégiaire extrêmement raffinée ! Vous avez beau faire, ce n'est ni la différence des professions, ni celle des fortunes, ni celle des lumières, qui divisent les hommes, c'est celle des intérêts ; et, dans la question présente, il n'en est que deux bien contraires, celui des privilégiés et celui des non privilégiés : toutes les classes du Tiers État sont liées d'un intérêt commun contre l'oppression des priviléges.

(*a*) Les gens des classes disponibles sont précisément ceux que l'auteur a flétris plus haut, comme *étrangers à leur nation par leur fainéantise.*   (M.)

7

dignes, à tous égards, d'être bons représentans de la nation.

Mais enfin, dit-on, si un bailliage s'obstine à ne vouloir donner sa procuration du Tiers qu'à un noble ou un ecclésiastique? s'il n'a de confiance qu'en lui?....

J'ai déjà dit qu'il ne pouvait pas y avoir de liberté illimitée, et que parmi toutes les conditions à imposer à l'éligibilité, celle que le Tiers réclamait était la plus nécessaire de toutes. Répondons plus immédiatement. Je suppose qu'un bailliage veuille absolument se nuire : doit-il avoir pour cela le droit de nuire aux autres? Si je suis seul intéressé aux démarches de mon procureur fondé, on pourra se contenter de me dire : Tant pis pour vous; pourquoi l'avez-vous mal choisi? Mais ici, les députés d'un district ne sont pas seulement les représentans du bailliage qui les a nommés, ils sont encore appelés à représenter la généralité des citoyens, à voter pour tout le royaume. Il faut donc une règle commune, et des conditions, dussent-elles déplaire à certains commettans, qui puissent rassurer la totalité de la nation contre le caprice de quelques électeurs.

§ II.

DEUXIÈME DEMANDE DU TIERS.

Que ses députés soient en nombre égal à ceux
des deux ordres privilégiés.

Je ne puis m'empêcher de le répéter : la ti-
mide insuffisance de cette réclamation se ressent encore des vieux temps. Les villes du
royaume n'ont [pas assez consulté les progrès
des lumières et même de l'opinion publique.
Elles n'auraient pas rencontré plus de difficultés en demandant de voix contre une, et
peut-être se fût-on hâté alors de leur offrir
cette égalité contre laquelle on combat aujourd'hui avec tant d'éclat.

Au reste, quand on veut décider une question comme celle-ci, il ne faut pas se contenter, comme on le fait trop souvent, de donner
son désir, ou sa volonté, ou l'usage, pour des
raisons; il faut remonter aux principes. Les
droits politiques, comme les droits civils,
doivent tenir à la qualité de citoyen. Cette
propriété légale est la même pour tous, sans
égard au plus ou moins de propriété réelle
dont chaque individu peut composer sa fortune ou sa jouissance. Tout citoyen qui réunit

les conditions déterminées pour être électeur
a droit de se faire représenter, et sa représentation ne peut pas être une fraction de la représentation d'un autre. Ce droit est un; tous
l'exercent également, comme tous sont pro-
tégés également par la loi qu'ils ont concouru
à faire. Comment peut-on soutenir, d'un côté,
que la loi est l'expression de la volonté générale (1), c'est-à-dire de la pluralité, et pré-
tendre en même temps que dix volontés individuelles peuvent balancer mille volontés particulières? N'est-ce pas s'exposer à laisser faire
la loi par la minorité? ce qui est évidemment
contre la nature des choses.

Si ces principes, tout certains qu'ils sont,
sortent un peu trop des idées communes, je
ramènerai le lecteur à une comparaison qui est
sous ses yeux. N'est-il pas vrai qu'il paraît
juste à tout le monde que l'immense bailliage
du Poitou ait plus de représentans aux États
généraux que le petit bailliage de Gex? Pourquoi cela? parce que, dit-on, la population et
la contribution du Poitou sont bien supérieures
à celles de Gex. On admet donc des principes

(1) La législation.

d'après lesquels on peut déterminer la proportion des représentans. Voulez-vous que la contribution en décide?. Mais quoi que nous n'ayons pas une connaissance certaine de l'imposition respective des ordres, il saute aux yeux que le Tiers en supporte plus de la moitié.

A l'égard de la population, on sait quelle immense supériorité le troisième ordre a sur les deux premiers. J'ignore, comme tout le monde, quel en est le véritable rapport; mais comme tout le monde, je me permettrai de faire mon calcul.

D'abord pour le clergé. Nous compterons quarante mille paroisses, en y comprenant les annexes, ce qui donne tout d'un coup le nombre des curés, y compris les desservans des annexes, ci. 40,000

On peut bien compter un vicaire par quatre paroisses, l'une dans l'autre, ci. 10,000

Le nombre des cathédrales est comme celui des diocèses, à vingt chanoines, l'une dans l'autre; y compris les cent quarante évêques ou archevêques, ci. 2,800
                                                    ――――――
                                                    52,800

De l'autre part. 5₂,8oo

On peut supposer, à vue de pays, que les chanoines de collégiales montent au double, ci. 5,6oo

Après cela, il ne faut pas croire qu'il reste autant de têtes ecclésiastiques qu'il y a de bénéfices simples, abbayes, prieurés et chapelles. On sait, de reste, que la pluralité des bénéfices n'est pas inconnue en France. Les évêques et les chanoines sont en même temps abbés, prieurs et chapelains. Pour ne pas faire un double emploi, j'estime à trois mille bénéficiers ceux qui ne sont pas déjà compris dans les nombres ci-dessus, ci. .   3,ooo

Enfin, je suppose environ trois mille ecclésiastiques, bien entendu dans les ordres sacrés, n'ayant aucune espèce de bénéfices. 5,ooo

Il reste les moines et les religieuses, qui sont diminués, depuis trente ans, dans une progression accélérée. Je ne crois pas qu'il y en ait aujourd'hui

                                          64,4oo

Ci-contre.   64,400

plus de dix-sept mille, ci.   17,000

Nombre total des ecclésiastiques.   81,400

Noblesse. Je ne connais qu'un moyen d'approcher du nombre des individus de cet ordre : c'est de prendre la province où ce nombre est le mieux connu, et de la comparer au reste de la France. La Bretagne est cette province, et je remarque d'avance qu'elle est plus féconde en noblesse que les autres, soit parce qu'on n'y déroge point, soit à cause des priviléges qui y retiennent les familles, etc. On compte en Bretagne dix-huit cents familles nobles. J'en suppose deux mille, parce qu'il en est qui n'entrent pas encore aux États. En estimant chaque famille à cinq personnes, il y a en Bretagne dix mille nobles de tout âge et de tout sexe. Sa population totale est de deux millions trois cent mille individus. Cette somme est à la population de la France entière comme 1 à 11. Il s'agit donc de multiplier dix mille par onze, et l'on aura cent dix mille têtes nobles au plus pour la totalité du royaume, ci.   110,000

Donc, en tout, il n'y a pas deux cent mille privilégiés des deux premiers ordres (1). Com-

(1) J'observe sur cela qu'en déduisant les moines et les religieuses, mais non les couvens, du nombre total des ecclésiastiques, on peut croire qu'il en reste à !peu près 70,000, qui, citoyens et contribuables, ont qualité pour être *électeurs*. Dans la noblesse, si vous ôtez les femmes et les enfans non contribuables, non *électeurs*, à peine restera-t-il trente à quarante mille citoyens qui aient les mêmes qualités. Il suit de là que le clergé est, relativement à la représentation nationale, une masse bien plus considérable que la noblesse. Si je fais cette observation, c'est précisément parce qu'elle est contraire au torrent des préjugés actuels. Je ne plierai pas plus le genou devant l'idole que vous adorez encore, que devant celle que la philosophie a déjà renversée; et, lorsque le Tiers, entraîné, applaudit à une disposition par laquelle la noblesse obtient deux fois plus de représentans que le clergé, je dis au Tiers qu'il ne consulte ni la raison, ni la justice, ni son intérêt, qui ne saurait jamais être de consacrer à une superstition l'héritage d'une autre. La noblesse est une caste exclusive, séparée du Tiers qu'elle méprise, et non un corps de fonctionnaires publics; car ses priviléges tiennent à la personne, indépendamment de tout emploi. Rien ne peut justifier l'existence du préjugé nobiliaire que la raison du plus fort.

Au lieu de céder doucement à l'action du temps, à l'influence des lumières, la noblesse se roidit contre elle, elle prétend ne rien perdre contre ses priviléges. Que

parez ce nombre à celui de vingt-cinq à vingt-
six millions d'âmes, et jugez la question.

Si l'on veut actuellement atteindre à la
même solution, en consultant d'autres principes tout aussi incontestables, considérons
que les privilégiés sont au grand corps des citoyens ce que les exceptions sont à la loi.
Toute société doit être réglée par des lois communes, et soumise à un ordre commun. Si
vous y faites des exceptions, au moins doivent-

dis-je? elle les accroît. N'est-ce pas de nos jours qu'a
paru cette ordonnance qui exige des *preuves* pour entrer dans le militaire? des *preuves*, non des talens ou de
bonnes dispositions, mais des *preuves de parchemin*,
par lesquelles le Tiers s'est vu exclure du service! Les
parlemens paraissaient avoir été créés exprès pour soutenir et fortifier un peu le peuple contre la tyrannie des
seigneurs; les parlemens ont cru devoir changer de rôle :
tout récemment, ils ont, sans autre façon, fait cadeau,
pour toujours, à la noblesse, de toutes les places de con-
seillers et de présidens, etc. Son égoïsme enfin ne néglige
aucune occasion, puisqu'elle vient, aux notables de 1787,
d'obtenir que la préséance aux assemblées provinciales,
et partout, serait, *à l'avenir*, alternative entre elle et le
clergé. Fort bien, si en demandant le partage de cette
préséance, elle n'avait fait ensorte d'en exclure le Tiers,
qui y était également appelé par le ministère?

elles être rares, et dans aucun cas elles ne
peuvent avoir sur la chose publique le même
poids, la même influence que la règle commune. Il est réellement insensé de mettre en regard du grand intérêt de la masse
nationale l'intérêt des exempts, comme fait
pour le balancer en aucune manière. Au reste,
nous nous expliquerons davantage sur ce sujet
dans le sixième chapitre. Lorsque, dans quelques années, on viendra à se rappeler toutes
les difficultés que l'on fait essuyer aujourd'hui
à la trop modeste demande du Tiers, on s'éton-
nera, et du peu de valeur des prétextes qu'on
y oppose, et encore plus de l'intrépide iniquité
qui a osé en chercher.

Ceux même qui invoquent contre le Tiers
l'autorité des faits pourraient y lire, s'ils
étaient de bonne foi, la règle de leur conduite.
Il a suffi de l'existence d'un petit nombre de
bonnes villes pour former, sous Philippe-le-
Bel, une chambre des communes aux États généraux.

Depuis ce temps, la servitude féodale a dis-
paru, et les campagnes ont offert une population nombreuse de *nouveaux citoyens*. Les
villes se sont multipliées, se sont agrandies.

Le commerce et les arts y ont créé, pour ainsi dire, une multitude de nouvelles classes, dans lesquelles il est un grand nombre de familles aisées, remplies d'hommes bien élevés, et attachés à la chose publique. Pourquoi ce double accroissement, si supérieur à ce qu'étaient autrefois les bonnes villes dans la balance de la nation, n'a-t-il pas engagé la même autorité à créer deux nouvelles chambres en faveur du Tiers? L'équité et la bonne politique se réunissaient pour le demander.

On n'ose pas se montrer aussi déraisonnable à l'égard d'une autre sorte d'accroissement survenu à la France; je veux parler des nouvelles provinces qui y ont été unies depuis les derniers États généraux. Personne n'ose dire que ces nouvelles provinces ne doivent pas avoir des représentans à elles, par-delà ceux qui étaient aux états de 1614. Mais les fabriques et les arts n'offrent-ils pas, comme le territoire, de nouvelles richesses, une nouvelle contribution, et une nouvelle population; pourquoi donc, lorsqu'il s'agit d'une augmentation qu'il est si facile de comparer à celle du territoire, pourquoi, dis-je, refuse-t-on de lui donner des représentans par-delà ceux qui étaient aux États de 1614?

Mais je presse de raisons des gens qui ne savent écouter que leur intérêt. Présentons-leur un genre de considérations qui puisse les toucher de plus près. Convient-il à la noblesse d'aujourd'hui de garder le langage et l'attitude qu'elle avait dans les siècles gothiques? Et convient-il au Tiers État de languir, à la fin du dix-huitième siècle, dans les mœurs tristes et lâches de l'ancienne servitude? Si le Tiers État sait se connaître et se respecter, certes, les rustres le respecteront aussi! Qu'on songe que l'ancien rapport entre les ordres est changé des deux côtés à la fois. Le Tiers, qui avait été réduit à rien, a réacquis par son industrie une partie de ce que l'injure du plus fort lui avait ravi. Au lieu de redemander ses droits, il a consenti à les payer; on ne les lui a pas restitués, on les lui a vendus; il s'est soumis à les acheter. Mais enfin, d'une manière ou d'autre, il peut s'en mettre en possession. Il ne doit pas ignorer qu'il est aujourd'hui la réalité nationale, dont il n'était autrefois que l'ombre; que pendant ce long changement, la noblesse a

cessé d'être cette monstrueuse réalité féodale
qui pouvait opprimer impunément; qu'elle
n'en est plus que l'ombre, et que vainement
cette ombre cherche-t-elle encore à épouvanter
une nation entière, à moins que cette nation
ne veuille être regardée comme la plus vile du
globe.

§ III.

TROISIÈME ET DERNIÈRE DEMANDE DU TIERS ÉTAT.

Que les États généraux votent, non par
ordres, mais par têtes.

On peut envisager cette question de trois
manières : dans l'esprit du Tiers, suivant l'intérêt des privilégiés, et enfin d'après les bons
principes. Il serait inutile, sous le premier
point de vue, de rien ajouter à ce que nous
avons déjà dit; il est clair que, pour le Tiers,
cette demande est une suite nécessaire des deux
autres.

Les privilégiés craignent l'égalité d'influence
dans le troisième ordre, et ils la déclarent in-
constitutionnelle. Cette conduite est d'autant
plus frappante, qu'ils ont été jusqu'à présent
deux contre un sans rien trouver d'inconstitu-

tionnel à cette injuste supériorité. Ils sentent très-intimement le besoin de conserver le *veto* sur tout ce qui pourrait être contraire à leur intérêt. Je ne répéterai point les raisonnemens par lesquels vingt écrivains ont battu cette prétention et l'argument des anciennes formes. Je n'ai qu'une observation à faire : il y a sûrement des abus en France, ces abus tournent au profit de quelqu'un ; ce n'est guère au Tiers qu'ils sont avantageux, mais c'est bien à lui surtout qu'ils sont nuisibles. Or, je demande si, dans cet état de choses, il est possible de détruire aucun abus, tant qu'on laissera le *veto* à ceux qui en profitent. Toute justice serait sans force ; il faudrait tout attendre de la pure générosité des privilégiés. Serait-ce là l'idée qu'on se forme de l'ordre social ?

Si nous voulons actuellement considérer le même sujet, indépendamment de tout intérêt particulier, et d'après les principes qui sont faits pour l'éclairer, c'est-à-dire d'après ceux qui forment la science de l'ordre social, nous verrons prendre à cette question une face nouvelle. Je soutiens qu'on ne peut accueillir, soit la demande du Tiers, soit la défense des privilégiés, sans renverser les notions les plus

certaines. Je n'accuse assurément pas les bonnes
villes du royaume d'avoir eu cette intention ;
elles ont voulu se rapprocher de leurs droits
en réclamant au moins l'équilibre entre les
deux influences : elles ont professé d'ailleurs
d'excellentes vérités : car il est constant que le
veto d'un ordre sur les autres serait un droit
propre à tout paralyser dans un pays où les
intérêts sont si opposés ; il est certain qu'en ne
votant point par têtes, on s'expose à mécon-
naître la vraie pluralité, ce qui serait le plus
grand des inconvéniens, parce que la loi serait radicalement nulle. Ces vérités sont incontestables ; mais les trois ordres, tels qu'ils
sont constitués, pourront-ils se réunir pour
voter par têtes? telle est la véritable question.
Non. A consulter les vrais principes, ils ne
peuvent point voter *en commun*, ils ne le peuvent ni par têtes ni par ordres. Quelque proportion que vous adoptiez entre eux, elle ne
peut remplir le but qu'on se propose, qui serait de lier la totalité des représentans par *une*
volonté commune. Cette assertion a sans doute
besoin de développement et de preuves. Qu'on
me permette de les renvoyer au sixième chapitre. Je ne veux pas déplaire à ces personnes

modérées qui craignent toujours que la vérité
ne se montre mal à propos. Il faut auparavant
leur arracher l'aveu que la situation des choses
est telle aujourd'hui , par la seule faute des privilégiés ; qu'il est temps de prendre son parti,
et de dire ce qui est vrai et juste dans toute sa
force.

CHAPITRE IV.

Ce que le gouvernement a tenté, et ce que les privilégiés proposent en faveur du Tiers.

LE gouvernement, entraîné, non par des motifs dont on puisse lui savoir gré, mais par ses fautes, convaincu qu'il ne pouvait y remédier sans le concours volontaire de la nation, a cru s'assurer de sa part un consentement aveugle à tous ses projets (*a*), en offrant de faire qelque chose pour elle. Dans cette vue, M. de Calonne proposa le plan des assemblées provinciales.

§ I.

Assemblées provinciales.

Il était impossible de s'occuper un moment

(*a*) Interprétation forcée et injuste des vues du *gouvernement*; celles de M. de Calonne sont autre chose.
                                        (M.)

8

de l'intérêt de la nation, sans être frappé de la nullité politique du Tiers. Le ministre sentit même que la distinction des ordres était contraire à toute espérance de bien, et il projeta sans doute de la faire disparaître avec le temps. C'est du moins dans cet esprit que le premier plan des assemblées provinciales paraît avoir été conçu et rédigé. Il ne faut que le lire avec un peu d'attention pour s'apercevoir qu'on n'y avait pas égard à l'ordre *personnel* des citoyens. Il n'y était question que de leurs propriétés, ou de l'ordre *réel*. C'était comme propriétaire, et non comme prêtre, noble ou roturier, qu'on devait être appelé dans ces assemblées intéressantes par leur objet, bien plus importantes encore par la manière dont elles devaient se former, puisque par elles s'établissait une véritable représentation nationale.

Quatre espèces de propriétés étaient distinguées: 1°. Les seigneuries; ceux qui les possèdent, nobles ou roturiers, ecclésiastiques ou laïques, devaient former la première classe. On divisait en trois autres classes les propriétés ordinaires ou simples, par opposition aux seigneuries. Une distribution plus naturelle n'en aurait formé que deux, indiquées par la nature des travaux et la balance des intérêts, savoir : les propriétés de la campagne et celles des villes (*a*). Dans ces dernières, on aurait compris avec les maisons tous les arts, fabriques, métiers, etc. Mais on croyait sans doute que le temps n'était pas encore venu de fondre dans ces deux divisions les biens ordinaires ecclésiastiques. Ainsi on avait cru devoir laisser les biens simples, c'est-à-dire non seigneuriaux du clergé dans une classe séparée. C'était la seconde ; la troisième comprenait les biens de la campagne, et la quatrième les propriétés des villes.

Remarquez que trois de ces sortes de propriétés étant indistinctement possédées par des citoyens des trois ordres, trois classes sur quatre auraient pu être composées indifféremment de nobles, de roturiers ou de prêtres. La deuxième classe elle-même aurait contenu des chevaliers de Malte, et même des laïques pour représenter les hôpitaux, les *fabriques* paroissiales, etc.

Il est naturel de croire que les affaires pu-

(*a*) Cette distinction est mauvaise, puisqu'il se trouve à la campagne et à la ville des propriétés de même genre, telles que les fabriques, les métiers, etc. (M.)

8 *

bliques se traitant dans ces assemblées, sans
égard à l'ordre personnel, il se serait bientôt
formé une communauté d'intérêts entre les
trois ordres, qui aurait été, par conséquent,
l'intérêt général; et la nation aurait fini par
où toutes les nations auraient dû commencer,
par être *une*.

· Tant de bonnes vues ont échappé à l'esprit
si vanté du principal ministre. Ce n'est pas
qu'il n'ait très-bien vu l'intérêt qu'il voulait
servir; mais il n'a rien compris à la valeur
réelle de ce qu'il gâtait. Il a rétabli la division
impolitique des ordres personnels; et, quoique ce seul changement entraînât la nécessité
de faire un nouveau plan, il s'est contenté de
l'ancien, pour tout ce qui ne lui paraissait pas
choquer ses intentions; et il s'étonnait ensuite
des mille difficultés qui sortaient tous les jours
du défaut de concordance. La noblesse surtout
ne concevait pas comment elle pourrait se ré-
générer dans des assemblées où l'on avait oublié les généalogistes. Ses anxiétés, à cet égard,
ont été plaisantes pour les observateurs (1).

(1) Voyez les procès verbaux des assemblées provinciales.

Parmi tous les vices d'exécution de cet établissement, le plus grand a été de le commencer par les toits, au lieu de le poser sur ses
fondemens naturels, l'élection libre des peuples. Mais au moins le ministre, pour rendre
une sorte d'hommage aux droits du Tiers État,
lui annonçait-il un nombre de représentans
pour son ordre, égal à ceux du clergé et de la
noblesse réunis. L'institution est positive sur
cet article. Qu'en est-il arrivé? que l'on a fait
nommer des députés au Tiers parmi les privilégiés. Je connais une de ces assemblées où,
sur cinquante-deux membres, il n'y en a qu'un
seul qui ne soit pas privilégié. C'est ainsi qu'on
sert la cause du Tiers, même après avoir publiquement annoncé qu'on veut lui rendre
justice !

§ II.

Notables.

Les notables ont trompé l'espoir de l'un et
de l'autre ministres. Rien n'est plus juste à leur
égard que l'excellent coup de pinceau de
M. C. — « Le Roi les a rassemblés deux fois
« autour de lui pour les consulter sur les in-

« térêts du trône et de la nation. Qu'ont fait
« les notables en 1787 ? ils ont défendu leurs
« priviléges contre le trône. Qu'ont fait les
« notables en 1788 ? ils ont défendu leurs pri-
« viléges contre la nation. » C'est qu'au lieu
de consulter les notables en *priviléges*, il aurait fallu consulter des notables en *lumières*.
Les plus petits particuliers ne s'y trompent
pas, lorsqu'ils ont à demander conseil dans
leurs affaires, ou dans celles des gens qui les
intéressent véritablement.

M. Necker s'est abusé. Mais pouvait-il imaginer que ces mêmes hommes qui avaient voté
pour admettre le Tiers en nombre égal dans
les assemblées provinciales, rejeteraient cette
égalité pour les États généraux ? Quoi qu'il en
soit, le public ne s'y est point trompé ; on l'a
toujours entendu désapprouver une mesure
dont il prévoyait l'événement, et à laquelle,
dans la meilleure supposition, il attribuait
des lenteurs préjudiciables à la nation. Il semble que ce serait ici le lieu de développer quelques-uns des motifs qui ont inspiré la majorité
des derniers notables. Mais n'anticipons pas
sur le jugement de l'histoire ; elle ne parlera
que trop tôt pour des hommes qui, placés dans

la plus belle des circonstances , et pouvant dicter à une grande nation ce qui est juste , beau
et bon , ont mieux aimé prostituer cette superbe occasion à un misérable intérêt de corps ,
et donner à la postérité un exemple de plus
de l'empire des préjugés sur l'esprit public.

Les tentatives du ministère, comme l'on voit,
n'ont pas produit d'heureux fruits en faveur
du Tiers.

§ III.

Écrivains patriotes des deux premiers ordres.

C'est une chose remarquable , que la cause
du Tiers ait été défendue avec plus d'empres-
sement et de force par des écrivains ecclésiastiques et nobles que par les non privilégiés
eux-mêmes.

Je n'ai vu dans les lenteurs du Tiers État
que l'habitude du silence et de la crainte dans
l'opprimé, ce qui présente une preuve de plus
de la réalité de l'oppression. Est-il possible
de réfléchir sérieusement sur les principes et la
fin de l'état de société, sans être révolté jusqu'au
fond de l'âme de la monstrueuse partialité des
institutions humaines ! Je ne suis point étonné

que les deux premiers ordres aient fourni les
premiers défenseurs de la justice et de l'humanité ; car si les *talens* tiennent à l'emploi exclusif de l'intelligence, à de longues habitudes, et si les membres de l'ordre du Tiers
doivent, par mille raisons, se distinguer dans
cette carrière, les *lumières* de la morale publique doivent se manifester davantage chez
des hommes bien mieux placés pour saisir les
grands rapports sociaux, et chez qui le ressort
originel est moins communément brisé. Il faut
en convenir, il est des sciences qui tiennent
autant à l'âme qu'à l'esprit. La nation ne parviendra point à la liberté sans se rappeler avec
reconnaissance ces auteurs patriotes des deux
premiers ordres, qui, les premiers, abjurant
de vieilles erreurs, ont préféré les principes
de la justice universelle aux combinaisons
meurtrières de l'intérêt de corps contre l'intérêt national. En attendant les honneurs publics qui leur seront décernés, puissent-ils ne
pas dédaigner l'hommage d'un citoyen dont
l'âme brûle pour une patrie, et adore tous les
efforts qui tendent à la faire sortir des décom-
bres de la féodalité !

Certainement les deux premiers ordres sont

intéressés à rétablir le Tiers dans ses droits:
On ne doit point se le dissimuler, le garant
de la liberté publique ne peut être que là où
est la force réelle : nous ne pouvons être libres
qu'avec le peuple et par lui.

Si une considération de cette importance est
au-dessus de la frivolité et de l'étroit égoïsme
de la plupart des têtes françaises, au moins ne
pourront-elles s'empêcher d'être frappées des
changemens survenus dans l'opinion publique.
L'empire de la raison s'étend tous les jours davantage; il nécessite de plus en plus la restitution des droits usurpés. Plus tôt ou plus tard,
il faudra que toutes les classes se renferment
dans les bornes du contrat social, contrat qui
regarde et oblige tous les associés les uns envers les autres (1). Sera-ce pour en recueillir
les avantages innombrables, ou pour les sacrifier au despotisme? Telle est la véritable
question. Dans la longue nuit de la barbarie

(1) On ne peut pas entendre autrement le contrat social : il lie les associés entre eux. C'est une idée fausse
et dangereuse, que de supposer un contrat entre un
peuple et son gouvernement. La nation ne contracte
point avec ses mandataires, elle *commet* à l'exercice de
ses pouvoirs.

féodale, les vrais rapports des hommes ont
pu être détruits, toutes les notions boulever-
sées, toute justice corrompue; mais, au lever
de la lumière, il faut que les absurdités gothiques s'enfuient, que les restes de l'antique
férocité tombent et s'anéantissent. C'est une
chose sûre. Ne ferons-nous que changer de
maux, ou l'ordre social, dans toute sa beauté,
prendra-t-il la place de l'ancien désordre ? Les
changemens que nous allons éprouver seront-
ils le fruit amer d'une guerre intestine, désas-
treuse à tous égards pour les trois ordres, et
profitable seulement au pouvoir ministériel?
ou bien seront-ils l'effet naturel, prévu et bien
gouverné d'une vue simple et juste, d'un concours heureux, favorisé par des circonstances
puissantes, et promu avec franchise par toutes
les classes intéressées ?

§ IV.

Promesse de supporter également les impo-
sitions.

Les notables ont exprimé le vœu formel de
faire supporter les mêmes impositions aux trois
ordres. Ce n'était pas sur cet objet qu'on leur

demandait leur avis. Il s'agissait de la manière
de convoquer les États généraux, et non des
délibérations que cette assemblée aura à prendre. Ainsi on ne peut regarder ce vœu que
comme celui qui est émané des pairs, du parlement, et enfin de tant de sociétés particulières et d'individus qui s'empressent aujour-
d'hui de convenir que le plus riche doit payer
autant (a) que le plus pauvre.

Nous ne pouvons le dissimuler, un concours
aussi nouveau a effrayé une partie du public.
Sans doute, a-t-on dit, il est bon et louable
de se montrer d'avance disposé à se soumettre
de bon cœur à une juste répartition d'impôt,
lorsqu'elle aura été prononcée par la loi. Mais
d'où viennent, de la part du second ordre, un
zèle si nouveau, tant d'accord et tant d'em-
pressement? En offrant une cession volontaire,
espérait-il dispenser la loi d'en faire un acte
de justice? Trop d'attention à prévenir ce que
doivent faire les États généraux ne pourrait-
il pas tendre à s'en passer? Je n'accuse point
la noblesse de dire au Roi : Sire, vous n'avez

(a) Proportionnellement. (M.)

besoin des États généraux que pour rétablir
vos finances : eh bien ! nous offrons de payer
comme le Tiers ; voyez si cet excédant ne pourrait pas vous délivrer d'une assemblée qui nous
inquiète plus que vous ? Non, cette vue est impossible à supposer.

On pourrait plutôt soupçonner la noblesse
de vouloir faire illusion au Tiers, de vouloir,
au prix d'une sorte d'anticipation d'équité,
donner le change à ses pétitions actuelles, et
le distraire de la nécessité, pour lui, d'être
quelque chose aux États généraux. Elle semble dire au Tiers : Que demandez-vous ? Que
nous payons comme vous : cela est juste, nous
payerons. Laissez donc l'ancien train des choses, où vous n'étiez rien, où nous étions tout,
et où il nous a été si facile de ne payer que ce
que nous avons voulu. Il serait si utile aux
classes privilégiaires d'acheter, au prix d'une
renonciation forcée, le maintien de tous les
abus, et l'espérance de les accroître encore !
S'il ne faut, pour consommer cet excellent
marché, qu'exciter un peu d'enthousiasme dans
le peuple, croit-on qu'il soit bien difficile de
l'émouvoir, de l'attendrir même, en lui par-
lant de le soulager, et en faisant retentir à son

oreille les *mots* d'égalité, d'honneur, de fraternité, etc. , etc. , etc.

Le Tiers peut répondre : « Il est temps assurément que vous portiez comme nous le poids d'un tribut qui vous est bien plus utile qu'à nous. Vous prévoyez très-bien que cette monstrueuse iniquité ne pouvait pas durer davantage. Si nous sommes libres dans nos dons, il est clair que nous ne pouvons, ni ne devons, ni ne voulons en faire de plus abondans que les vôtres. Cette seule résolution de notre part nous rend à peu près indifférens ces actes de renonciation que vous ne cessez de vanter, comme ce que la *générosité* et l'honneur peuvent commander de plus rare à des *chevaliers français* (1). Oui, vous payerez,

(1) J'avoue qu'il m'est impossible d'approuver la grande importance que l'on met à obtenir la renonciation des privilégiés à leurs exemptions pécuniaires. Le Tiers État semble ignorer que le consentement des impôts étant constitutionnel pour lui, au moins autant que pour les autres, il suffira de déclarer qu'il n'entend supporter aucune charge qui ne porterait pas sur les trois ordres à la fois.

Je ne suis pas plus content de la manière dont cette renonciation, trop sollicitée, a été faite dans la plupart des bailliages, malgré tout l'étalage de reconnaissance

non par générosité, mais par justice; non
parce que vous le voulez bien, mais parce que
vous le devez. Nous attendons, de votre part,
un acte d'obéissance à la loi commune, plutôt.

qui a rempli les journaux et les gazettes. On y lit que la
noblesse *se réserve les droits sacrés de la propriété...*
les prérogatives qui lui appartiennent.... et les distinc-
tions essentielles à une monarchie. Il est étonnant que
le Tiers n'ait pas répondu d'abord *à la réserve des droits*
sacrés de la propriété, que la nation entière avait le
même intérêt à la faire; mais qu'il ne voyait pas contre
qui on pourrait la diriger; que si les ordres voulaient se
considérer séparément, l'histoire leur apprendrait sans
doute quel est celui des trois qui a le plus de raison de
se défier des autres; qu'en un mot, il ne peut regarder
comme une injure gratuite l'équivalent de ces paroles :
Nous voulons bien payer l'impôt, à condition que vous
ne nous volerez pas. Ensuite, qu'est-ce que des *préro-*
gatives appartenantes à une partie de la nation, sans
que la nation les lui ait jamais accordées? des prérogatives
qu'on cesserait même d'estimer si on leur connaissait une
autre origine que le *droit de l'épée!* Enfin, l'on comprend encore moins où peuvent être ces *distinctions es-*
sentielles à la monarchie, et, par conséquent, sans lesquelles une monarchie ne peut point exister. Aucune
que nous sachions, fût-ce même celle de monter dans les
carrosses du Roi, ne nous parait assez importante pour
qu'il soit vrai de dire que sans elle il n'y a plus de monarchie.

que le témoignage d'une insultante pitié pour
un ordre que vous avez si long-temps traité
sans pitié. Mais c'est aux États généraux que
cette affaire doit se discuter; il s'agit aujour-
d'hui de les bien constituer. Si le Tiers n'y est
pas représenté, la nation y sera muette. Rien
ne pourra s'y faire validement. Lors même que
vous trouveriez le moyen d'établir partout le
bon ordre sans notre concours, nous ne pouvons pas souffrir qu'on dispose de nous sans
nous. Une longue et funeste expérience nous
empêche même de croire à la solidité d'aucune
bonne loi qui ne serait que le *don du plus
fort*. »

Les privilégiés ne se lassent pas de dire que
tout est égal entre les ordres, du moment qu'ils
renoncent aux exemptions pécuniaires. Si tout
est égal, que craignent-ils des demandes du
Tiers? Imagine-t-on qu'il voulût se blesser
lui-même en attaquant un intérêt commun?
Si tout est égal, pourquoi tous ces efforts pour
l'empêcher de sortir de sa nullité politique?

Mais je demande où est la puissance mira-
culeuse qui garantira à la France l'impossibilité
d'aucun abus dans *aucun genre*, par cela seul
que la noblesse payera sa quote-part de l'im-

pôt. Que s'il subsiste encore des abus ou des désordres, qu'on m'explique donc comment tout peut être égal entre celui qui en jouit et celui qui en souffre?

Tout est égal! C'est donc par esprit d'égalité qu'on a prononcé au Tiers l'exclusion la plus déshonorante, de tous les postes, de toutes les places un peu distinguées? C'est par esprit d'égalité qu'on lui a arraché un surcroît de tribut pour créer cette quantité prodigieuse de ressources en tout genre, destinées exclusivement à ce qu'on appelle *la pauvre noblesse*?

Dans toutes les affaires qui surviennent entre un privilégié et un homme du peuple, celui-ci n'est-il pas assuré d'être impunément opprimé, précisément parce qu'il faut recourir, s'il ose demander justice, à des privilégiés? Eux seuls disposent de tous les pouvoirs, et leur premier mouvement n'est-il pas de regarder la plainte du roturier comme un manque de subordination?

Pourquoi les suppôts de la police et de la justice n'exercent-ils qu'en tremblant leurs fonctions envers le privilégié, envers celui-là même qui est pris en flagrant délit, tandis

qu'ils traitent avec tant de brutalité le pauvre
qui n'est encore qu'accusé?

Pour qui sont tous ces priviléges en matière
judiciaire, les attributions, les évocations, les
lettres de surséance, etc., avec lesquels on décourage ou l'on ruine sa partie adverse? est-
ce pour le Tiers non privilégié?

Qui sont les citoyens les plus exposés aux
vexations personnelles des agens du fisc, et
des subalternes dans toutes les parties de l'administration? les membres du Tiers; j'entends
toujours du véritable Tiers, de celui qui ne
jouit d'aucune exemption.

Pourquoi les privilégiés, après les crimes
les plus horribles, échappent-ils presque toujours à la peine, et dérobe-t-on ainsi à l'ordre
public les exemples les plus efficaces?

Avec quel mépris absurde et féroce vous
osez replacer dans l'ordre commun le criminel privilégié, pour le *dégrader*, dites-vous,
et pour le rendre apparemment, dans une telle
compagnie, *habile* à subir le supplice! Que
diriez-vous si le législateur, avant de punir
un scélérat du Tiers État, avait l'attention
d'en purger son ordre en lui donnant des lettres de noblesse?

9

La loi dicte des peines différentes pour le privilégié, et celui qui ne l'est pas. Elle semble suivre avec tendresse le noble criminel, et vouloir l'honorer jusque sur l'échafaud. À cette abominable distinction qui, au fond, ne peut paraître bonne à conserver qu'à ceux qui projetteraient quelque crime, est attachée, on le sait, la peine d'infamie pour la famille entière du malheureux qui a été exécuté sans privilége ; la loi est coupable de cette atrocité ; et l'on refuserait de la réformer ! L'*obligation* est la même pour tous, l'*infraction* est la même ; pourquoi la *peine* serait-elle différente ? Songez-bien que dans l'état actuel des choses, vous ne punissez jamais un privilégié sans l'honorer, et sans punir la nation, qui avait déjà assez souffert de son crime.

Je le demande : est-il permis, en jetant le coup d'œil le plus superficiel sur la société, de répéter que tout sera égal du moment que la noblesse renonce à ses exemptions pécuniaires ? Il est des hommes qui ne sont sensibles qu'à l'argent : exactement paralysés pour tout ce qui tient à la liberté, à l'honneur, à l'égalité devant la loi, en un mot, à tous les droits sociaux, hors l'argent, ils ne conçoivent

pas qu'on puisse s'inquiéter d'autre chose que
de payer un écu de plus ou de moins. Mais
ce n'est pas pour les hommes vils que j'écris.

Que faut-il dire du privilége exclusif de paraître armé, même en temps de paix, hors des
fonctions militaires et sans le costume de cet
état? Si le privilégié s'arme pour défendre sa
vie, son bien, son honneur, l'homme du Tiers
a-t-il moins d'intérêt à conserver sa vie, son
bien? n'est-il pas aussi sensible à son honneur?
Oserait-on bien avancer que la loi, veillant
plus attentivement en sa faveur, le dispense
plus que le privilégié, de s'armer pour sa défense?

Si tout est égal, pourquoi ce volumineux
recueils de lois à l'avantage de la noblesse?
Auriez-vous trouvé le secret de favoriser un
ordre sans que ce fût aux dépens des autres?
Et quand vous savez bien que cette législation
particulière fait de la noblesse comme une
espèce à part, qui serait née pour le commandement, et du reste des citoyens, comme un
peuple d'ilotes destiné à servir, vous osez
mentir à votre conscience, et essayer d'é-

tourdir la nation, en lui criant que tout est égal (1) !

Les lois enfin que vous croyez les plus générales et les plus exemptes de partialité sont complices elles-mêmes des priviléges. Consultez-en l'esprit, suivez-en les effets; pour qui paraissent-elles être faites ? pour les privilégiés; contre qui ? contre le peuple, etc., etc.

Et l'on veut que le peuple soit content et ne songe plus à rien, parce que la noblesse *consent* à payer comme lui ! On veut que des générations nouvelles ferment les yeux aux lumières contemporaines, et s'accoutument tranquillement à un ordre d'oppression que les générations qui passent ne pouvaient plus endurer ! Laissons un sujet inépuisable, et qui

(1) Je voudrais bien qu'on m'indiquât où sont les nombreux priviléges dont on se plaint que nous jouissons, disait un aristocrate. Dites plutôt où ils ne sont pas, répondit un ami du peuple. Tout respire le privilége dans le privilégié, jusqu'à l'air dont il interroge, et qu'on trouverait si extraordinaire dans un simple citoyen; jusqu'au ton d'assurance avec lequel il élève des questions si bien résolues dans le fond de son âme. Mais, dussent tous les priviléges être réduits à un seul, je le trouverais encore intolérable. Eh! ne sentez-vous pas qu'il se multiplierait comme le nombre des personnes privilégiées ?

ne réveillé que des sentimens d'indignation (1).

Tous les impôts particuliers au Tiers seront abolis, il n'en faut pas douter. C'était un étrange pays que celui où les citoyens qui profitaient le plus de la chose publique y contribuaient le moins ! où il existait des impôts qu'il était honteux de supporter, et que le législateur lui-même taxait d'être avilissans ! A ne consulter que des idées saines, quelle société que celle où le travail fait *déroger ;* où il est honorable de consommer, et humiliant de produire ; où les professions pénibles sont dites *viles ;* comme s'il pouvait y avoir autre chose de vil que le vice, et comme si c'était dans les classes laborieuses qu'il y a le plus de cette vileté, la seule réelle !

Enfin, tous ces mots de taille (2), de franc-

(1) Il n'a pourtant été question ici que de l'inégalité des droits *civils ;* je présenterai, dans les deux derniers chapitres, des notions justes sur la monstrueuse inégalité des droits *politiques.*

(2) Il convient d'observer que la suppression de la taille sera pécuniairement avantageuse aux privilégiés, si l'on se contente, comme il y a apparence, de la remplacer par une subvention générale. Ils en payeront moins, et je vais le prouver. 1°. Dans les pays où la taille

fief, d'ustensiles, etc. , seront proscrits à jamais
de la langue politique, et le législateur ne

est *personnelle*, on sait très-bien que cet impôt n'est
payé au fond que par le propriétaire. Le fermier à qui
vous diriez que vous vous chargez de sa taille augmen-
terait d'autant le prix du bail : cette vérité est connue.
Si donc vous substituez à la taille un impôt qui porte
également sur tous les biens, même sur ceux qui ne
sont pas aujourd'hui soumis à cette charge, il est clair
que vous déchargerez la masse des biens qui supportent
aujourd'hui la taille de toute la quotité de l'impôt de rem-
placement qui sera payée par les propriétés aujourd'hui
exemptes de taille. Comme les terres affermées payent la
partie la plus considérable de cet impôt, il est sûr que la
plus grande partie de la décharge sera en faveur de la
totalité de ces terres. Or, elles appartiennent surtout à
des privilégiés. J'ai donc eu raison de dire que les privilégiés en payeront moins.

2°. Dans les pays de taille *réelle*, les biens ruraux
seront déchargés de toute la partie de l'impôt de rempla-
cement qui portera sur les biens nobles. Cette conver-
sion se fera sans égard à la qualité personnelle des propriétaires. Puis donc que nous ignorons à quel ordre de
citoyens appartiennent la plupart des terres nobles et la
plupart des biens ruraux, on ne doit pas non plus faire
exclusivement honneur à la noblesse des avantages ou
des désavantages particuliers qui résulteront de la suppression de la taille.

Les riches seigneurs ont fort bien calculé que l'abo-

prendra plus, un stupide plaisir à repousser les étrangers que ces distinctions flétrissantes empêchaient d'apporter au milieu de nous leurs capitaux et leur industrie.

Mais en prévoyant cet avantage, et mille autres, qu'une assemblée bien constituée doit procurer aux peuples, je ne vois rien encore qui promette au Tiers une bonne constitution. Il n'en est pas plus avancé dans ses demandes. Les privilégiés persistent à défendre tous leurs avantages. Quel que soit le nombre proportionnel de leurs députés, ils veulent former deux chambres séparées ; ils veulent deux voix sur trois, et ils soutiennent que la négative appartient à chacune d'elle. Excellent moyen

---

lition de la taille, du franc-fief, etc. , doit favoriser les mutations parmi leurs vassaux, augmenter la valeur des fonds, et, par conséquent, qu'elle leur promet de nouveaux profits pécuniaires. La taille est assurément mal *assise* sur les fermiers ; mais en la prenant sous un autre nom, sur les propriétaires eux-mêmes pour tous les biens qu'ils *afferment*, ce serait un impôt parfaitement politique, en ce qu'il doit décourager les petits propriétaires d'abandonner le gouvernement de leurs biens, et tenir la place d'une taxe prohibitive, ou d'une amende établie sur l'oisiveté des grands propriétaires.

pour rendre impossible toute réforme ! Cette
immobilité pourrait être du goût des deux premiers ordres. Mais le Tiers peut-il s'y plaire ?
On voit bien que ce n'est pas à lui à répéter le
joli mot du fermier général, *pourquoi changer? nous sommes si bien !*

§ V.

*Moyen terme proposé par les amis communs
des privilégiés et du ministère.*

Le ministère craint, par-dessus tout, une
forme de délibération qui, arrêtant toutes les
affaires, suspendrait aussi la concession des secours qu'il attend. Si, du moins, on pouvait
s'accorder pour remplir le déficit, le reste ne
l'intéresserait plus guère ; les ordres se dispu-
teraient tant et aussi long-temps qu'ils le voudraient. Au contraire, moins ils avanceraient,
plus le ministère espérerait se raffermir dans
son autorité arbitraire. De là, un moyen de
conciliation que l'on commence à colporter partout, et qui serait aussi utile aux privilégiés et
au ministère, que mortel pour le Tiers. On
propose de voter par têtes les subsides et tout
ce qui regarde l'impôt. L'on veut bien ensuite

que les ordres se retirent dans leurs chambres comme dans des forteresses inexpugnables, où les communes délibéreront sans succès, les privilégiés jouiront sans crainte, pendant que le ministre restera le maître. Mais peut-on croire que le Tiers donne dans un piége aussi grossier? Le vote des subsides devant être la dernière opération des États généraux, il faudra bien qu'on se soit accordé auparavant sur une forme générale pour toutes les délibérations ; et sans doute on ne sera pas éloigné de celle qui conserve à l'assemblée l'usage de toutes ses lumières et de toute sa sagesse (1).

§ VI,

On propose d'imiter la constitution anglaise,

Différens intérêts ont eu le temps de naître dans l'ordre de la noblesse. Elle n'est pas loin de se diviser en deux partis. Tout ce qui tient aux trois ou quatre cents familles les plus distinguées soupire après l'établissement d'une chambre haute, semblable à celle d'Angleterre ;

(1) Voy. *Vues sur les moyens d'exécution*, etc,

leur orgueil se nourrit de l'espérance de n'être plus confondues dans la foule des gentils-hommes. Ainsi, la haute noblesse consentirait de bon cœur à rejeter dans la chambre des communes le reste des nobles avec la généralité des citoyens.

Le Tiers se gardera, avec attention, d'un système qui ne tend à rien moins qu'à remplir sa chambre de gens qui ont un intérêt si contraire à l'intérêt commun, d'un système qui le replacerait bientôt dans la nullité et l'oppression. Il existe, à cet égard, une différence réelle entre l'Angleterre et la France. En Angleterre, il n'y a de nobles privilégiés que ceux à qui la constitution accorde une partie du pouvoir législatif (1). Tous les autres citoyens

(1) Les lords de la chambre haute ne forment même pas un *ordre* distinct. Il n'y a en Angleterre qu'un seul ordre, la nation. Le membre de la chambre des pairs est un grand mandataire nommé par la loi pour exercer une partie de la législation et les grandes fonctions judiciaires. Ce n'est pas un homme privilégié par droit de *caste*, sans relation aux fonctions publiques, puisque les frères d'un pair ne partagent pas les privilèges de leur aîné. Il est vrai que ces grandes fonctions sont attachées à la naissance, ou plutôt à la primogéniture; c'est un hommage rendu à la féodalité, si prépondérante encore il y

sont confondus dans le même intérêt; point
de priviléges qui en fassent des ordres distincts.
Si donc on veut, en France, réunir les trois
ordres en un, il faut auparavant abolir toute
espèce de privilége. Il faut que le noble et le
prêtre n'aient d'autre intérêt que l'intérêt commun, et qu'ils ne jouissent, par la force de la
loi, que des droits de simple citoyen. Sans
cela, vous aurez beau réunir les trois ordres
sous la même dénomination, ils feront toujours trois matières hétérogènes, impossibles à
amalgamer ensemble. On ne m'accusera pas de
soutenir la distinction des ordres, que je regarde comme l'invention la plus nuisible à tout
bien social. Je ne connais au-dessus de ce malheur que le malheur extrême de confondre ces
ordres *nominalement* en les laissant *séparés*
réellement par le maintien des priviléges. Ce
serait consacrer à jamais leur triomphe sur la
nation. Le salut public exige que l'intérêt
commun de la société se maintienne quelque

a cent ans; c'est une institution gothique et ridicule en
même temps; car si les rois sont devenus héréditaires,
pour éviter les troubles civils que leur élection est
capable d'occasioner, il n'y a pas de raison pour craindre rien de semblable à la nomination d'un simple lord,

part, pur et sans mélange. Et c'est dans cette vue, la seule bonne, la seule nationale, que le Tiers ne se prêtera jamais à l'entrée de plusieurs ordres dans une prétendue chambre des communes, car c'est une idée monstrueuse que celle d'une commune composée de différens ordres. On peut dire qu'il y a contradiction dans les termes.

Il sera appuyé dans sa résistance par la petite noblesse, qui ne voudra jamais échanger les priviléges dont elle jouit pour une illustration qui ne serait pas pour elle. Voyez en effet comme elle s'élève en Languedoc contre l'aristocratié des barons. Les hommes, en général, aiment fort à ramener à l'égalité tout ce qui leur est supérieur; ils se montrent alors *philosophes*. Ce mot ne leur devient odieux qu'au moment où ils aperçoivent les mêmes principes dans leurs inférieurs.

Le projet des deux chambres acquiert cependant parmi nous un si grand nombre de partisans, qu'il y a véritablement de quoi s'en effrayer. Les différences que nous venons de relever sont réelles; jamais une nation coupée par ordres n'aura rien de commun avec une nation *une*. Comment voulez-vous, avec des matériaux si dissemblables , construire en France le même édifice politique qu'en Angleterre ?

Prétendez-vous admettre dans votre chambre basse une partie de vos deux premiers ordres ? Apprenez-nous donc auparavant comment on peut composer une commune de plusieurs ordres ? Nous venons de le prouver, une commune ne peut être qu'un ensemble de citoyens ayant les mêmes droits civils et politiques. C'est se moquer de l'entendre autrement, et de croire former une commune en faisant siéger dans la même salle des citoyens qui ont des priviléges civils et politiques inégaux. Ce n'est point en Angleterre que vous trouverez une combinaison aussi étrange. J'ajoute qu'il ne faudrait pas long-temps à cette partie de la noblesse que vous introduiriez dans votre prétendue chambre des communes, pour s'emparer de la plupart des députations. Le Tiers État perdrait ses véritables représentans, et nous reviendrions à l'ancien train des choses, où la noblesse était tout, et la nation rien.

Pour éviter ces inconvéniens , vous proposeriez-vous de destiner la seconde chambre exclusivement au Tiers Etat? alors vous ne changez pas votre position actuelle. C'est même un mal de plus que de réunir les deux ordres privilégiés ; vous les rendez , par cette alliance, plus forts contre l'ordre commun , et tous ensemble en seront plus faibles contre le pouvoir ministériel, qui s'aperçoit très-bien qu'entre deux peuples divisés , ce sera toujours à lui à faire la loi. Au reste, dans ce nouvel arrangement, je ne vois pas davantage que vous vous rapprochiez de la constitution anglaise. Vous légitimez et consacrez la distinction de l'ordre privilégiaire ; vous en séparez à jamais les intérêts de ceux de la nation, et vous éternisez la haine, ou plutôt l'espèce de guerre civile qui agite tout peuple divisé en privilégiés et non privilégiés. Au contraire, chez nos voisins, tous les intérêts de la nation sont réunis dans la chambre des communes. Les pairs eux-mêmes se garderaient bien d'être contraires à l'intérêt commun ; c'est le leur propre, c'est surtout celui de leurs frères, de leurs enfans, de toute leur famille, qui appartiennent de droit à la commune. Et l'on ose comparer la chambre haute d'Angleterre avec une chambre qui réunirait le clergé et la noblesse en France!

Sous quelque forme que vous la présentiez,
vous n'échapperez pas à une foule de maux qui
lui appartiennent essentiellement. Si vous la
composez de vrais représentans du clergé et de
la noblesse de tout le royaume, ce sera, comme
nous le disons, séparer à jamais les deux intérêts, et renoncer à l'espoir de former *une* nation. Si vous en faites une chambre des pairs,
vous pouvez, ou la remplir de députés élus
par un certain nombre de familles les plus distinguées; ou tout uniment, pour vous écarter
moins encore de votre modèle anglais, vous
pouvez faire de la qualité de pair un privilége
héréditaire, ou au moins viager. Toutes ces
suppositions ne font que multiplier les difficultés; elles nécessitent toutes une chambre des
communes mi-partie, et, par conséquent, monstrueuse, etc. Au surplus, lorsqu'il plaît au roi
d'Angleterre de créer un pair, il n'est pas obligé
de ne le prendre que dans une seule classe de
citoyens : nouvelle différence qui confond absolument nos idées de noblesse.

J'ai une dernière remarque à faire; elle sort
naturellement de la supposition d'une chambre haute composée de membres héréditaires
ou choisis à vie. Il est certain que de pareils

personnages ne seraient, en aucune manière, des représentans de la nation, et cependant ils en exerceraient les pouvoirs. De bonne foi, serait-il impossible de prévoir des circonstances telles, que la *convocation* des communes deviendrait fort embarrassante? Mille raisons faciles à saisir pourraient d'abord la retarder d'époque en époque. Enfin, le temps presserait si fort, que la chambre haute serait convenablement invitée à donner d'avance son consentement à tel emprunt, à telle loi, etc. Je laisse à l'imagination du lecteur à faire le reste du chemin. Il serait assez plaisant que nous arrivassions enfin à cette même *cour plénière* que nous avons si mal accueillie naguère! Il doit être permis, ce me semble, de ne pas aimer un projet qui pourrait nous conduire au précipice que nous croyions avoir évité pour toujours. Nous n'avons besoin assurément ni d'une chambre *royale*, ni d'une chambre *féodale*. Mais je remarquerai, avant de finir cet article, que je n'ai attaqué la distinction des *chambres* que dans le sens où ce serait une distinction *d'ordres*. Séparez ces deux idées, et je serai le premier à demander trois chambres égales en tout, composées cha-

eune du tiers de la grande députation nationale. Il ne resterait dans ce nouveau plan qu'à
adopter le moyen indiqué dans les *Vues sur
les moyens d'exécution,* etc., pour avoir toujours une résolution commune à la pluralité
des têtes, dans tous les cas où les trois chambres, considérées en corps, ne s'accorderaient
pas.

§ VII.

Que l'esprit d'imitation n'est pas propre à nous bien conduire.

Nous n'aurions pas tant de foi aux institutions anglaises, si les connaissances politiques
étaient plus anciennes ou plus répandues parmi
nous. A cet égard, la nation française est composée d'hommes ou trop jeunes ou trop vieux.
Ces deux âges, qui se rapprochent par tant
d'endroits, se ressemblent encore, en ce qu'ils
ne peuvent l'un et l'autre se conduire que par
l'exemple. Les jeunes cherchent à imiter, les
vieux ne savent que répéter; ceux-ci sont fidèles
à leurs propres habitudes; les autres singent
les habitudes d'autrui : c'est le terme de leur
industrie.

Qu'on ne s'étonne donc pas de voir une nation, ouvrant à peine les yeux à la lumière,
se tourner vers la constitution d'Angleterre,
et vouloir la prendre pour modèle en tout. Il
serait bien à désirer, dans ce moment, que
quelque bon écrivain s'occupât de nous éclairer
sur les deux questions suivantes : la constitution britannique est-elle bonne en elle-même ?
Lors même qu'elle serait bonne, peut-elle convenir à la France (1)?

J'ai bien peur que ce chef-d'œuvre tant
vanté ne pût soutenir un examen impartial fait
d'après les principes du véritable ordre politique. Nous reconnaîtrions peut-être qu'il est
le produit du hasard et des circonstances, bien
plus que des lumières. Sa chambre haute se
ressent évidemment de l'époque de la révolution. Nous avons déjà remarqué qu'on ne pouvait guère la regarder que comme un monu-
ment de superstition gothique.

Voyez la représentation nationale, comme

(1) Depuis la première édition de cet écrit, il a paru
un excellent ouvrage, qui remplit, à peu de chose près,
le vœu que je formais ici ; c'est l'*Examen du gouver-*
nement d'Angleterre, comparé aux constitutions des
États-Unis, brochure de 291 pages.

elle est mauvaise dans tous ses élémens, de l'aveu des Anglais eux-mêmes! Et pourtant les caractères d'une bonne représentation sont ce qu'il y a de plus essentiel pour former une bonne législature.

Est-ce dans les vrais principes qu'a été puisée l'idée de séparer le pouvoir législatif en trois parties, dont une seule est censée parler au nom de la nation? Si les seigneurs et le Roi ne sont pas des représentans de la nation, ils ne sont rien dans le pouvoir législatif: car la nation seule peut vouloir pour elle-même, et par conséquent se créer des lois. Tout ce qui entre dans le corps législatif n'est compétent à voter pour les peuples, qu'autant qu'il est chargé de leur procuration. Mais où est la procuration, lorsqu'il n'y a pas élection libre et générale?

Je ne nie pas que la constitution anglaise ne soit un ouvrage étonnant pour le temps où elle a été fixée. Cependant, et quoiqu'on soit tout prêt à se moquer d'un Français qui ne se prosterne pas devant elle, j'oserai dire qu'au lieu d'y voir la simplicité du bon ordre, j'y aperçoit plutôt un échafaudage de précautions

contre le désordre (1). Et comme tout est lié
dans les institutions politiques; comme il n'est
point d'effet qui ne soit l'origine, à son tour,
d'une suite d'effets et de causes, que l'on pro-
longe suivant qu'on est capable de plus d'attention, il n'est point extraordinaire que les
'fortes têtes y aperçoivent beaucoup de pro-
'fondeur.

· .Au reste, il est dans le cours ordinaire des
choses, que les machines les plus compliquées
précèdent les véritables progrès de l'art social,
comme de tous les autres arts; son triomphe

:(1) Le gouvernement est, en Angleterre, le sujet d'un
·.combat continuel entre le ministère et l'aristocratie de
l'opposition. La nation et le Roi y paraissent presque
comme simples spectateurs. La politique du Roi consiste
à adopter toujours le parti le plus fort. La nation redoute
également l'un et l'autre parti. Il faut, pour son salut,
que le combat dure : elle soutient donc le plus faible
pour l'empêcher d'être tout-à-fait écrasé. Mais si le peuple, au lieu de laisser le maniement de ses affaires servir
de prix dans cette lutte de gladiateurs, voulait s'en occuper lui-même par de véritables représentans, croit-on
de bonne foi que toute l'importance que l'on attache aujourd'hui à la *balance* des pouvoirs, ne tomberait pas
avec un ordre de choses qui seul la rend nécessaire?

sera pareillement de produire les plus grands effets par des moyens simples.

On aurait tort de décider en faveur de la constitution britannique, précisément parce qu'elle se soutient depuis cent ans, et qu'elle paraît devoir aller encore pendant des siècles. En fait d'institutions humaines, quelle est celle qui ne dure pas très-long-temps, quelque mauvaise qu'elle soit ? Le despotisme ne va-t-il pas aussi, ne semble-t-il pas éternel dans la plus grande partie du monde ?

Une meilleure preuve est d'en appeler aux *effets*. En comparant sous ce point de vue le peuple anglais avec leurs voisins du continent, il est difficile de ne pas croire qu'il possède quelque chose de mieux. En effet, il a une constitution, toute incomplète qu'elle peut être, et nous n'avons rien. La différence est grande. Il n'est pas étonnant qu'on s'en aperçoive aux effets. Mais il y a sûrement de l'erreur à attribuer au seul pouvoir de la constitution tout ce qu'il y a de bien en Angleterre. Il y a évidemment telle loi qui vaut mieux que la constitution elle-même. Je veux parler du jugement par *jurés*, le véritable garant de la liberté individuelle dans tous les pays du

monde où l'on aspirera à être libre. Cette mé-
thode de rendre la justice est la seule qui mette
à l'abri des abus du pouvoir judiciaire, si fré-
quens et si redoutables partout où l'on n'est
pas jugé par ses pairs. Avec elle, il ne s'agit
plus pour être libre que de se précautionner
contre les ordres illégaux qui pourraient émaner du pouvoir ministériel ; il faut pour cela ,
ou une bonne constitution , l'Angleterre ne l'a
point, ou des circonstances telles que le chef
du pouvoir exécutif ne puisse pas soutenir à
force ouverte ses volontés arbitraires. On voit
bien que la nation anglaise est la seule à qui il
soit permis de n'avoir pas une armée de terre
redoutable pour la nation. C'est donc la seule
qui puisse être libre par une bonne constitution. Cette pensée devrait suffire pour nous dé-
goûter de la manie d'imiter nos voisins : con-
sultons plutôt nos besoins; ils sont plus près
de nous; ils nous inspireront bien mieux. Si
vous tentez de naturaliser parmi vous la constitution anglaise, nulle doute que vous n'en
obteniez facilement les défauts, puisqu'ils seront utiles au seul pouvoir dont vous auriez à
craindre quelque obstacle. En aurez-vous les
avantages ? Cette question est plus problémati-

que, parce que vous rencontrerez alors un pouvoir intéressé à vous empêcher d'accomplir vos désirs. Après tout, pourquoi désirons-nous avec tant d'ardeur cette constitution exotique? C'est qu'apparemment elle se rapproche des bons principes de l'état social. Mais s'il est, en tout genre, pour juger des progrès vers le bien, un modèle du bon et du beau, et si l'on ne peut pas dire que ce modèle, pour ce qui regarde l'art social, nous soit moins connu aujourd'hui qu'il ne l'était aux Anglais en 1688, pourquoi négligerions-nous le vrai type du bon, pour nous en tenir à imiter une copie? Élevons-nous tout d'un coup à l'ambition de vouloir nous-mêmes servir d'exemple aux nations.

Aucun peuple, dit-on, n'a mieux fait que les Anglais; et quand cela serait, les produits de l'art politique ne doivent-ils être à la fin du dix-huitième siècle, que ce qu'ils étaient dans le dix-septième! Les Anglais n'ont pas été au-dessous des lumières de leur temps; ne restons pas au-dessous des lumières du nôtre. Surtout, ne nous décourageons pas de ne rien voir dans l'histoire qui puisse convenir à notre position. La véritable science de l'état de société ne date

pas de loin. Les hommes ont construit long-
temps des chaumières avant d'être en état d'é-
lever des palais. Qui ne voit que l'architecture
sociale devait être plus lente encore dans ses
progrès, puisque cet art, quoique le plus important de tous, n'avait, comme l'on pense
bien, aucun encouragement à recevoir des
despotes et des aristocrates.

CHAPITRE V.

Ce qu'on aurait dû faire. Principes à cet égard.

« En morale, rien ne peut remplacer le moyen simple et *naturel*. Mais plus l'homme a perdu de temps à d'inutiles essais, plus il redoute l'idée de recommencer; comme s'il ne valait pas toujours mieux recommencer encore une fois et finir, que de rester à la merci des événemens et des ressources *factices*, avec lesquelles on recommencera sans cesse, sans être jamais plus avancé! »

Dans toute nation libre, et toute nation doit être libre, il n'y a qu'une manière de terminer les différens qui s'élèvent touchant la constitution. Ce n'est pas à des notables qu'il faut avoir recours, c'est à la nation elle-même. Si nous manquons de constitution, il faut en faire une; la nation seule en a le droit. Si nous avons une constitution, comme quelques-uns s'obs-

tinent à le soutenir, et que par elle l'assemblée
nationale soit divisée, ainsi qu'ils le prétendent, en trois députations de trois ordres de citoyens, on ne peut pas, du moins, s'empêcher
de voir qu'il y a , de la part d'un de ces ordres ,
une réclamation si forte, qu'il est impossible
de faire un pas de plus sans la juger. Or, à
qui appartient-il de décider de pareilles con-
testations ?

Une question de cette nature ne peut paraître indifférente qu'à ceux qui comptant pour
peu, en matière sociale, les moyens justes et
naturels, n'estiment que ces ressources factices, plus ou moins iniques, plus ou moins
compliquées, qui font partout la réputation de
ce qu'on appelle les hommes d'État, les grands
politiques. Pour nous, nous ne sortirons point
de la morale ; elle doit régler tous les rapports
qui lient les hommes entre eux, à leur intérêt
particulier, et à leur intérêt commun ou social. C'est à elle à nous dire ce qu'on aurait dû
faire ; et après tout, il n'y a qu'elle qui puisse
le dire. Il en faut toujours revenir aux principes simples, comme plus puissans que tous
les efforts du génie.

Jamais on ne comprendra le mécanisme so-

cial, si l'on ne prend le parti d'analyser une
société comme une machine ordinaire, d'en
considérer séparément chaque partie, et de les
rejoindre ensuite en esprit, toutes l'une après
l'autre, afin d'en saisir les accords, et d'entendre l'harmonie générale qui en doit résulter.
Nous n'avons pas besoin ici, d'entrer dans un
travail aussi étendu. Mais puisqu'il faut toujours être clair, et qu'on ne l'est point en dis-
courant sans principes, nous prierons au moins
le lecteur de considérer dans la formation
d'une société politique trois époques, dont la
distinction préparera à des éclaircissemens nécessaires.

Dans la première, on conçoit un nombre
plus ou moins considérable d'individus isolés
qui veulent se réunir. Par ce seul fait, ils forment déjà une nation : ils en ont tous les droits;
il ne s'agit plus que de les exercer. Cette première époque est caractérisée par le jeu des volontés *individuelles*. L'association est leur
ouvrage; elles sont l'origine de tout pouvoir.

La seconde époque est caractérisée par l'action de la volonté *commune*. Les associés veulent donner de la consistance à leur union; ils
veulent en remplir le but. Ils confèrent donc,

et ils conviennent entre eux des besoins publics et des moyens d'y pourvoir. On voit qu'ici le pouvoir appartient au public. Les volontés individuelles en sont bien toujours l'origine, et en forment les élémens essentiel ; mais considérées séparément, leur pouvoir serait nul, il ne réside que dans l'ensemble. Il faut à la communauté une volonté commune ; sans l'*unité* de volonté, elle ne parviendrait point à faire un tout voulant et agissant. Certainement aussi, ce tout n'a aucun droit qui n'appartienne à la volonté commune.

Mais franchissons les intervalles de temps. Les associés sont trop nombreux et répandus sur une surface trop étendue, pour exercer facilement eux-mêmes leur volonté commune.

Que font-ils ? Ils en détachent tout ce qui est nécessaire, pour veiller et pourvoir aux soins publics ; et cette portion de volonté nationale et par conséquent de pouvoir, ils en confient l'exercice à quelques-uns d'entre eux. Nous voici à la troisième époque, c'est-à-dire à celle d'un *gouvernement exercé par procuration*. Remarquons sur cela plusieurs vérités : 1°. La communauté ne se dépouille point du droit de vouloir : c'est sa propriété inaliénable; elle ne peut qu'en commettre l'exercice. Ce principe est développé ailleurs. 2°. Le corps des délégués ne peut pas même avoir la plénitude de cet exercice. La communauté n'a pu lui confier, de son pouvoir total, que cette portion qui est nécessaire pour maintenir le bon ordre. On ne donne point du superflu en ce genre. 3°. Il n'appartient donc pas au corps des délégués de déranger les limites du pouvoir qui lui a été confié. On conçoit que cette faculté serait contradictoire à elle-même.

Je distingue la troisième époque de la seconde, en ce que ce n'est plus la volonté commune *réelle* qui agit, c'est une volonté commune *représentative*. Deux caractères ineffaçables lui appartiennent; il faut le répéter. 1°. Cette volonté n'est pas pleine et illimitée dans le corps des représentans; ce n'est qu'une portion de la grande volonté commune nationale. 2°. Les délégués ne l'exercent point comme un droit propre, c'est le droit d'autrui : la volonté commune n'est là qu'en commission.

Actuellement, je laisse une foule de réflexions, auxquelles cet exposé nous conduirait assez naturellement, et je marche à mon but.

Il s'agit de savoir ce qu'on doit entendre par la *constitution* politique d'une société, et de remarquer ses justes rapports avec la nation elle-même.

Il est impossible de créer un corps pour une fin, sans lui donner une organisation, des formes et des lois propres à lui faire remplir les fonctions auxquelles on a voulu le destiner; c'est ce qu'on appelle la *constitution* de ce corps : il est évident qu'il ne peut pas exister sans elle; il l'est donc aussi que tout gouveruement commis doit avoir sa constitution ; et ce qui est vrai du gouvernement en général, l'est aussi de toutes les parties qui le composent. Ainsi le corps des représentans, à qui est confié le pouvoir législatif ou l'exercice de la volonté commune, n'existe qu'avec la manière d'être que la nation a voulu lui donner. Il n'est rien sans ses formes constitutives; il n'agit, il ne se dirige, il ne commande que par elles.

A cette nécessité d'organiser le corps du gouvernement, si on veut qu'il existe ou qu'il agisse, il faut ajouter l'intérêt qu'a la nation à ce que le pouvoir public délégué ne puisse jamais devenir nuisible à ses commettans. De

là, une multitude de précautions politiques
qu'on a mêlées à la constitution, et qui sont
autant de règles essentielles au gouvernement,
sans lesquelles l'exercice du pouvoir deviendrait illégal (1).

On sent donc la double nécessité de soumettre le gouvernement à des formes certaines,
soit intérieures, soit extérieures, qui garan-
tissent son aptitude à la fin pour laquelle il
est établi, et son impuissance à s'en écarter.

Mais qu'on nous dise d'après quelles vues,
d'après quel intérêt on aurait pu donner une
constitution à la nation elle-même. La nation existe avant tout, elle est l'origine de
tout. Sa volonté est toujours légale, elle est la
loi elle-même. Avant elle et au-dessus d'elle
il n'y a que le droit *naturel*. Si nous voulons
nous former une idée juste de la suite des lois

---

(1) Lorsque la constitution est simple et bien faite,
les précautions sont en petit nombre; dans les pays où
elle est compliquée, et, pour dire vrai, mal entendue,
les précautions se multiplient à l'infini; elles sont un
objet d'étude; la constitution devient une science, et ce
qui en fait l'essentiel, j'entends l'organisation intérieure,
se perd ou est étouffé par l'échafaudage scientifique des
purs accessoires.

positives qui ne peuvent émaner que de sa volonté, nous voyons en première ligne les lois
constitutionnelles, qui se divisent en deux
parties : les unes règlent l'organisation et les
fonctions du corps *législatif;* les autres déter-
minent l'organisation et les fonctions des différens corps *actifs*. Ces lois sont dites *fonda-*
mentales, non pas en ce sens, qu'elles puissent
devenir indépendantes de la volonté nationale,
mais parce que les corps qui existent et agissent
par elles, ne peuvent point y toucher. Dans chaque partie, la constitution n'est pas l'ouvrage
du pouvoir constitué, mais du pouvoir consti-
tuant. Aucune sorte de pouvoir délégué ne
peut rien changer aux conditions de sa déléga-
tion. C'est ainsi, et non autrement, que les
lois constitutionnelles sont *fondamentales*.
Les premières, celles qui établissent la législature, sont *fondées* par la volonté nationale
avant toute constitution ; elles en forment le
premier degré. Les secondes doivent être établies de même par une volonté représentative
spéciale. Ainsi toutes les parties du gouvernement se répondent et dépendent en dernière
analyse de la nation. Nous n'offrons ici qu'une
idée fugitive ; mais elle est exacte.

On conçoit facilement ensuite comment les lois proprement dites, celles qui protégent les citoyens, et décident de l'intérêt commun, sont l'ouvrage du corps législatif formé et se mouvant d'après ses conditions constitutives. Quoique nous ne présentions ces dernières lois qu'en seconde ligne, elles sont néanmoins les plus importantes, elles sont la *fin* dont la constitution n'est que le *moyen*. On peut les diviser en deux parties : les lois immédiates ou protectrices, et les lois médiates ou directrices. Ce n'est pas ici le lieu de donner plus de développement à cette analyse (1).

Nous avons vu naître la constitution dans la seconde époque. Il est clair qu'elle n'est relative qu'au *gouvernement*. Il serait ridicule de supposer la nation liée elle-même par les formalités ou par la constitution, auxquelles elle a assujetti ses mandataires. S'il lui avait fallu attendre, pour devenir une nation, une manière d'être *positive*, elle n'aurait jamais été. La nation se forme par le seul droit *naturel*;

(1) Disons seulement que le vrai moyen de ne point s'entendre est de confondre toutes les parties de l'ordre social sous le nom de constitution.

le gouvernement, au contraire, ne peut appartenir qu'au droit *positif*. La nation est tout ce qu'elle peut être, par cela seul qu'elle est ; il ne dépend point de sa volonté de s'attribuer plus ou moins de droits qu'elle n'en a. A sa première époque, elle a tous ceux d'une nation ; à la seconde époque, elle les exerce ; à la troisième, elle en fait exercer par ses représentans tout ce qui est nécessaire pour la conservation et le bon ordre de la communauté. Si l'on sort de cette suite d'idées simples, on ne peut que tomber d'absurdités en absurdités.

Le gouvernement n'exerce un pouvoir réel qu'autant qu'il est constitutionnel ; il n'est légal qu'autant qu'il est fidèle aux lois qui lui ont été imposées. La volonté nationale, au contraire, n'a besoin que de sa réalité pour être toujours légale ; elle est l'origine de toute légalité.

Non-seulement la nation n'est pas soumise à une constitution, mais elle ne *peut* pas l'être, mais elle ne *doit* pas l'être, ce qui équivaut encore à dire qu'elle ne l'est pas.

Elle ne *peut* pas l'être : de qui, en effet, aurait-elle pu recevoir une forme positive ?

Est-il une autorité antérieure qui ait pu dire
à une multitude d'individus : « Je vous réunis
« sous telles lois ; vous formerez une nation
« aux conditions que je vous prescris ? » Nous
ne parlons pas ici brigandage ni domination,
mais association légitime, c'est-à-dire volontaire et libre.

Dira-t-on qu'une nation peut, par un premier acte de sa volonté, à la vérité indépendant de toute forme, s'engager à ne plus vouloir, à l'avenir, que d'une manière déterminée ?
D'abord, une nation ne peut ni aliéner ni s'in-
terdire le droit de vouloir ; et, quelle que soit
sa volonté, elle ne peut pas perdre le droit de
la changer, dès que son intérêt l'exige. En second lieu, envers qui cette nation se serait-
elle engagée ? Je conçois comment elle peut
obliger ses membres, ses mandataires, et tout
ce qui lui appartient ; mais peut-elle, en aucun sens, s'imposer des devoirs envers elle-
même ? Qu'est-ce qu'un contrat avec soi-même ?
Les deux termes étant la même volonté, on
voit qu'elle peut toujours se dégager du pré-
tendu engagement.

Quand elle le pourrait, une nation ne *doit*
pas se mettre dans les entraves d'une forme

11 *

positive ; ce serait s'exposer à perdre sa liberté
sans retour , car il ne faudrait qu'un moment
de succès à la tyrannie pour dévouer les peuples, sous prétexte de constitution , à une *forme*
telle, qu'il ne leur serait plus possible d'exprimer librement leur volonté, et, par conséquent, de secouer les chaînes du despotisme.
On doit concevoir les nations sur la terre
comme des individus hors du lien social , ou ,
comme l'on dit , dans l'état de nature. L'exercice de leur volonté est libre et indépendant
de toutes formes civiles. N'existant que dans
l'ordre naturel, leur volonté, pour sortir tout
son effet, n'a besoin que de porter les caractères *naturels* d'une volonté. De quelque manière qu'une nation veuille, il suffit qu'elle
veuille ; toutes les formes sont bonnes , et sa
volonté est toujours la loi suprême. Puisque,
pour imaginer une société légitime, nous
avons supposé aux volontés individuelles , pu-
rement naturelles, la puissance morale de former l'association , comment refuserions-nous
de reconnaître une force semblable dans une
volonté *commune*, également naturelle? Une
nation ne sort jamais de l'état de nature; et ,
au milieu de tant de périls, elle n'a jamais

trop de toutes les manières d'exprimer sa volonté. Ne craignons point de le répéter : une nation est indépendante de toute forme ; et, de quelque manière qu'elle veuille, il suffit que sa volonté paraisse pour que tout droit positif cesse devant elle, comme devant la source et le maître suprême de tout droit positif.

Mais il est une preuve encore plus pressante de la vérité de nos principes, qui pourraient cependant se passer de nouvelles preuves.

Une nation ne doit ni ne peut s'astreindre à des formes constitutionnelles, car, au premier différent qui s'élèverait entre les parties de cette constitution, que deviendrait la nation ainsi disposée ou ordonnée de façon à ne pouvoir agir que suivant la constitution disputée ? Faisons attention combien il est essentiel, dans l'ordre civil, que les citoyens trouvent, dans une branche du pouvoir actif, une autorité prompte à terminer leur procès. De même, les diverses parties du pouvoir actif doivent avoir, chez un peuple libre, la liberté d'invoquer la décision de la législature dans toutes les difficultés imprévues. Mais si votre législature elle-même, si les différentes parties de cette première constitution ne s'accordent pas entre elles, qui sera le juge suprême? car il en faut toujours un, ou bien l'anarchie succède à l'ordre.

Comment imagine-t-on qu'un corps constitué pourrait décider de sa constitution? Une ou plusieurs parties intégrantes d'un corps moral ne sont rien séparément : le pouvoir n'appartient qu'à l'ensemble. Dès qu'une partie réclame, l'ensemble n'est plus : or, s'il n'existe pas, comment pourrait-il juger (1)? Ainsi donc on doit sentir qu'il n'y aurait plus de constitution dans un pays, au moindre embarras qui surviendrait entre ses parties, si la nation n'existait indépendante de toute règle et de toute forme constitutionnelle.

A l'aide de ces éclaircissemens, nous pouvons répondre à la question que nous nous

(1) On dit en Angleterre que la chambre des communes représente la nation : cela n'est pas exact. Peut-être l'ai-je déjà remarqué. En ce cas, je répète que si les communes seules représentaient toute la volonté nationale, elles formeraient seules tout le corps législatif. La constitution ayant décidé qu'elles n'en étaient qu'*une* partie sur *trois*, il faut bien que le Roi et les lords soient regardés comme des représentans de la nation.

sommes faite. Il est constant que les parties
de ce que vous croyez être la constitution française ne sont pas d'accord entre elles. A qui donc
appartient-il de décider ? à la nation, indépendante, comme elle l'est nécessairement de toute
forme positive. Quand même la nation aurait
ses États généraux réguliers, ce ne serait pas à
ce corps constitué à prononcer sur un différent
qui touche à sa constitution; il y aurait à cela
une pétition de principes, un cercle vicieux.

Les représentans *ordinaires* d'un peuple
sont chargés d'exercer, dans les formes constitutionnelles, toute cette portion de la volonté
commune, qui est nécessaire pour le maintien
d'une bonne administration sociale; leur pouvoir est borné aux affaires du gouvernement.

Des représentans *extraordinaires* auront tel
nouveau pouvoir qu'il plaira à la nation de
leur donner. Puisqu'une grande nation ne
peut s'assembler elle-même en réalité toutes
les fois que des circonstances hors de l'ordre
commun pourraient l'exiger, il faut qu'elle
confie à des représentans extraordinaires les
pouvoirs nécessaires dans ces occasions. Si elle
pouvait se réunir devant vous et exprimer sa

volonté, oseriez-vous la lui disputer, parce
qu'elle ne l'exerce pas dans une forme plutôt
que dans une autre? Ici la réalité est tout, la
forme n'est rien.

Un corps de représentans extraordinaires
supplée à l'assemblée de cette nation; il n'a
pas besoin sans doute d'être chargé de la *plé-*
nitude de la volonté nationale; il ne lui faut
qu'un pouvoir spécial, et dans des cas rares;
mais il remplace la nation dans son *indépen-*
dance de toutes formes constitutionnelles. Il
n'est pas nécessaire ici de prendre tant de précautions pour empêcher l'abus de pouvoir; ces
représentans ne sont députés que pour une
seule affaire, et pour un temps seulement. Je
dis qu'ils ne sont point astreints aux formes
constitutionnelles sur lesquelles ils ont à décider. 1°. Cela serait contradictoire, car ces
formes sont indécises; c'est à eux à les régler.
2°. Ils n'ont rien à dire dans le genre d'affaires
pour lequel on avait fixé les formes positives.
3°. Ils sont mis à la place de la nation elle-
même ayant à régler la constitution; ils en
sont indépendans comme elle. Il leur suffit de
vouloir comme veulent des individus dans l'é-
tat de nature : de quelque manière qu'ils soient

députés (*a*), qu'ils s'assemblent et qu'ils délibèrent, pourvu qu'on ne puisse pas ignorer (et comment la nation qui les commet l'ignorerait-elle?) qu'ils agissent en vertu d'une commission extraordinaire des peuples, leur volonté commune vaudra celle de la nation elle-même.

Je ne veux pas dire qu'une nation ne puisse donner à ses représentans ordinaires la nouvelle commission dont il s'agit ici. Les mêmes personnes peuvent sans doute concourir à former différens corps, et exercer successivement, en vertu de procurations spéciales, des pouvoirs qui, de leur nature, ne doivent point se confondre. Mais toujours est-il vrai qu'une représentation extraordinaire ne ressemble point à la législature ordinaire : ce sont des pouvoirs distincts. Celle - ci ne peut se mouvoir que dans les formes et aux conditions qui lui sont imposées. L'autre n'est soumise à aucune forme en particulier : elle s'assemble et délibère comme ferait la nation elle-même si, n'étant composée que d'un petit nombre d'individus, elle

(*a*) Oh non ! car s'ils sont mal *députés*, ils ne sont pas *de vrais députés*.   (M.).

voulait donner une constitution à son gouvernement. Ce ne sont point ici des distinctions inutiles; tous les principes que nous venons de citer sont essentiels à l'ordre social; il
ne serait pas complet s'il pouvait se rencontrer
un seul cas sur lequel il ne pût indiquer des
règles de conduite capables de pourvoir à
tout (1).

(1) Ces principes décident clairement la question agitée
en ce moment en Angleterre entre MM. Pitt et Fox.
M. Fox a tort de ne vouloir pas que la *nation* donne la
régence à *qui* et *comme* il lui plaît. Où la loi ne statue
pas, la nation seule peut statuer. M. Pitt se trompe en
voulant faire décider la question par le parlement. Le
parlement est incomplet (*a*), il est nul puisque le Roi,
qui en est la troisième partie, est incapable de vouloir.
Les deux chambres peuvent bien préparer un statut;
elles ne peuvent point le *sanctionner*. Je prends ce mot
dans le sens que l'usage lui donne aujourd'hui. Il faut
donc demander à la nation des représentans extraordinaires..... On n'en fera rien; ce serait l'époque d'une bonne
constitution : ni l'opposition, ni le ministère n'en ont envie.
On tient aux formes par lesquelles on existe; quelque vi-
cieuses qu'elles soient, on les préfère au plus bel ordre social. Avez-vous jamais vu le vieillard caduc se consoler de

(*a*) Il est complet *par la circonstance*, comme il le serait dans
le cas de l'extinction de la maison régnante. (M.)

Il est temps de revenir au titre de ce chapitre, *Qu'aurait-on dû faire* au milieu de l'embarras et des disputes sur les prochains États
généraux? Appeler des notables? Non. Laisser
languir la nation et les affaires? Non. Ma-
nœuvrer auprès des parties intéressées pour les
engager à céder chacune de leur côté? Non.
Il fallait recourir au grand moyen d'une représentation extraordinaire : c'est la nation
qu'il fallait consulter.

Répondons à deux questions qui se présen-
tent encore : Où prendre la nation? A qui appartient-il de l'interroger?

1°. Où prendre la nation? où elle est; dans
les quarante mille paroisses qui embrassent
tout le territoire, tous les habitans, et tous
les tributaires de la chose publique; c'est là
sans doute la nation (a). On aurait indiqué
une division territoriale pour faciliter le moyen

mourir, quelque frais et vigoureux que puisse être le
jeune homme qu'il voit prêt à le remplacer? Il est dans
la nature que les corps politiques, comme tous les corps
animés, se défendent tant qu'ils peuvent du dernier
moment.

(a) Ce n'est pas la nation à laquelle on puisse confier
le choix des représentans de la nation.   (M.)

de se former en arrondissemens de vingt à trente paroisses, par des premiers députés. Sur un plan semblable, les arrondissemens auraient formé des provinces; et celles-ci auraient envoyé à la métropole de vrais représentans extraordinaires avec pouvoir spécial de décider de la constitution des États généraux.

Direz-vous que ce moyen eût entraîné trop de lenteurs? Pas plus, en vérité, que cette suite d'expédiens qui n'ont abouti qu'à embrouiller les affaires. D'ailleurs, il s'agissait de prendre les vrais moyens d'aller à son but, et non de négocier avec le temps. Si on avait voulu ou su rendre hommage aux bons principes, on aurait plus fait pour la nation en quatre mois, que le cours des lumières et de l'opinion publique, que je suppose pourtant très-puissant, ne pourra faire dans un demi-siècle.

Mais, direz-vous, si la *pluralité* des citoyens avait nommé les représentans extraordinaires, que serait devenue la distinction des trois ordres? Que deviendraient les priviléges? Ce qu'ils doivent être. Les principes que je viens d'exposer sont certains. Il faut renoncer à tout ordre social, ou les reconnaître. La nation est

toujours maîtresse de réformer sa constitution.
Surtout, elle ne peut pas se dispenser de s'en
donner une certaine, quand elle est contestée.
Tout le monde en convient aujourd'hui ; et
ne voyez-vous pas qu'il lui serait impossible d'y
toucher, si elle-même n'était que partie dans la
querelle ? Un corps soumis à des formes constitutives ne peut rien décider que d'après sa
constitution. Il ne peut pas s'en donner une
autre. Il cesse d'exister dès le moment qu'il se
meut, qu'il parle, qu'il agit autrement que
dans les formes qui lui ont été imposées. Les
États généraux, fussent-ils assemblés, sont
donc incompétens à rien décider sur la constitution. Ce droit n'appartient qu'à la nation
seule, indépendante, nous ne cessons de le
répéter, de toutes formes et de toutes conditions (a).

Les privilégiés, comme l'on voit, ont de
bonnes raisons pour confondre les idées et les
principes en cette matière. Ils soutiendront
aujourd'hui avec intrépidité le contraire de ce
qu'ils avançaient il y a six mois. Alors, il n'y
avait qu'un cri en France ; nous n'avions point

(a) Si ce n'est de la propriété. (M.)

de constitution, et nous demandions à en former une. Aujourd'hui, nous avons non-seulement une constitution, mais, si l'on en croit
les privilégiés, elle renferme deux dispositions
excellentes et inattaquables. La première, c'est
la *division par ordres* de citoyens; la seconde,
c'est *l'égalité d'influence*, pour chaque ordre,
dans la formation de la volonté nationale.
Nous avons bien assez prouvé déjà qu'alors
même que toutes ces choses formeraient notre
constitution, la nation serait toujours maîtresse
de les changer. Il reste à examiner plus parti-
culièrement la nature de cette *égalité* d'influence que l'on voudrait attribuer à chaque
ordre sur la volonté nationale. Nous allons
voir que cette idée est la plus absurde possible,
et qu'il n'y a pas de nation qui puisse rien
mettre de pareil dans sa constitution.

Une société politique ne peut être que l'ensemble des associés. Une nation ne peut pas
décider qu'elle ne sera pas la nation, ou qu'elle
ne le sera que d'une manière : car ce serait
dire qu'elle ne l'est point de toute autre. De
même une nation ne peut statuer que sa volonté commune cessera d'être sa volonté commune. Il est malheureux d'avoir à énoncer de

ces propositions dont la simplicité paraîtrait
niaise, si l'on ne songeait aux conséquences
qu'on veut en tirer. Donc une nation n'a jamais pu statuer que les droits inhérens à la volonté commune, c'est-à-dire à la pluralité,
passeraient à la minorité (a). La volonté commune ne peut pas se détruire elle-même. Elle
ne peut pas changer la nature des choses, et
faire que l'avis de la minorité soit l'avis de la
pluralité. On voit bien qu'un pareil statut, au
lieu d'être un acte légal ou moral, serait un
acte de démence.

Si donc on prétend qu'il appartient à la
constitution française, que deux cent mille individus fassent sur un nombre de vingt millions de citoyens, les deux tiers de la volonté
commune, que répondre, si ce n'est qu'on
soutient que deux et deux font cinq?

Les volontés individuelles sont les seuls élémens de la volonté commune. On ne peut ni

(a) Une nation peut fort bien statuer que la minorité
en nombre nommera les représentans de la nation entière pour la formation d'une constitution, et fera bien
d'en user ainsi, si elle est en grande partie composée
d'ignorans et d'hommes pauvres et sans propriété.

(M.)

priver le plus grand nombre du droit d'y concourir, ni arrêter que dix volontés n'en vau-
dront qu'une, contre dix autres qui en vau-
dront trente. Ce sont là des contradictions dans
les termes, de véritables absurdités.

· · Si l'on abandonne, un seul instant, ce principe de première évidence, que la volonté
commune est l'avis de la pluralité et non celui
de la minorité, il est inutile de parler raison.
Au même titre on peut décider que la volonté
d'un seul sera dite la pluralité, et il n'est plus
besoin ni d'États généraux, ni de volonté nationale, etc..... Car si la volonté d'un noble
peut en valoir dix, pourquoi celle d'un ministre n'en vaudrait-elle pas cent, un million,
vingt-six millions ? Avec de pareilles raisons,
on peut fort bien renvoyer chez eux tous les
députés nationaux, et étouffer toutes les réclamations des peuples.

Aurions-nous besoin d'appuyer davantage
sur la conséquence naturelle de ces principes?
Il est constant que, dans la représentation nationale, ordinaire ou extraordinaire, l'influence ne peut être qu'en raison du nombre
des têtes qui ont *droit* à se faire représenter.
Le corps représentant est toujours, pour ce

qu'il a à faire, à la place de la nation elle-même. Son influence doit conserver la même *nature*, les mêmes *proportions* et les mêmes *règles*.

Concluons qu'il y a un accord parfait entre tous les principes, pour décider, 1º. qu'une représentation extraordinaire peut seule toucher à la constitution, ou nous en donner une; 2º. que cette représentation constituante doit se former sans égard à la distinction des ordres.

2º. A qui appartient-il d'interroger la nation? Si nous avions une constitution législative, chacune de ses parties en aurait le droit, par la raison que le recours aux juges est toujours ouvert aux plaideurs, ou plutôt parce que les interprètes d'une volonté sont obligés de consulter leurs commettans, soit pour faire expliquer leur procuration, soit pour leur donner avis des circonstances qui exigeraient de nouveaux pouvoirs. Mais il y a près de deux siècles que nous sommes sans représentans, en supposant qu'il y en eût alors. Puisque nous n'en avons point, qui les remplacera auprès de la nation? Qui préviendra les peuples du besoin d'envoyer des représentans extraordinaires? La réponse à cette question ne peut embarrasser que ceux qui attachent au mot de *convocation* le fatras des idées anglaises. Il ne s'agit pas ici de *prérogative* royale, mais du sens simple et naturel d'une *convocation*. Ce terme embrasse, *avis* à donner du besoin national, et *indication* d'un rendez-vous commun. Or, quand le salut de la patrie presse tous les citoyens, perdra-t-on le temps à s'enquérir de celui qui a le *droit* de convoquer? Il faudrait plutôt demander : Qui n'en a pas le droit? C'est le *devoir* sacré de tous ceux qui y peuvent quelque chose. A plus forte raison, le pouvoir exécutif le peut-il, lui qui est bien plus en mesure que les simples particuliers, de prévenir la généralité des citoyens, d'indiquer le lieu de l'assemblée, et d'écarter tous les obstacles que l'intérêt de corps pourrait y opposer. Certainement le prince, en sa qualité de premier citoyen, est plus intéressé qu'aucun autre à convoquer les peuples. S'il est incompétent à décider sur la constitution, on ne peut pas dire qu'il le soit à provoquer cette décision.

Ainsi, point de difficulté sur la question : Qu'est-ce qu'on aurait dû faire? On aurait dû convoquer la nation, pour qu'elle députât à la

métropole des représentans extraordinaires,
avec une procuration spéciale, pour régler la
constitution de l'assemblée nationale ordinaire. Je n'aurais pas voulu que ces représentans eussent eu, en outre, des pouvoirs pour
se former ensuite en assemblée ordinaire, con-
formément à la constitution qu'ils auraient
fixée eux-mêmes, sous une autre qualité ; j'aurais craint qu'au lieu de travailler uniquement
pour l'intérêt national, ils n'eussent trop fait
attention à l'intérêt du corps qu'ils allaient
former. En politique, c'est le mélange, c'est
la confusion des pouvoirs qui rendra constamment impossible l'établissement de l'ordre social sur la terre ; comme aussi dès qu'on voudra
séparer ce qui doit être distinct, on parviendra
à résoudre le grand problème d'une société humaine disposée pour l'avantage général de ceux
qui la composent.

On pourra me demander pourquoi je me
suis étendu si longuement sur ce qu'*on aurait
dû faire*. Le passé est passé, dira-t-on. Je
réponds premièrement, que la connaissance
de ce qu'on aurait dû faire peut mener à la
connaissance de ce qu'on fera. En second lieu,
il est toujours bon de présenter les vrais prin-

cipes, surtout dans une matière si neuve pour
la plupart des esprits. Enfin, les vérités de ce
chapitre peuvent servir à mieux expliquer celles
du chapitre suivant.

CHAPITRE VI.

Ce qui reste à faire. Développement de quelques principes.

LE temps n'est plus où les trois ordres, ne songeant qu'à se défendre du despotisme ministériel, étaient prêts à se réunir contre l'ennemi commun. Quoiqu'il soit impossible à la nation de tirer un parti utile de la circonstance présente, de faire un seul pas vers l'ordre social, sans que le Tiers État en recueille aussi les fruits, cependant la fierté des deux premiers ordres s'est irritée en voyant les grandes municipalités du royaume réclamer la moindre partie des droits politiques qui appartiennent au peuple. Que voulaient-ils donc, ces privilégiés si ardens à défendre leur superflu, si prompts à empêcher le Tiers État d'obtenir, en ce genre, le plus strict nécessaire ? Entendaient-ils que la régénération dont on se flatte ne serait que pour eux ? Et voulaient-ils ne se

servir du peuple, toujours malheureux, que
comme d'un instrument aveugle pour étendre
et consacrer leur aristocratie?

Que diront les générations futures en ap-
prenant l'espèce de fureur avec laquelle le second ordre de l'État et le premier ordre du
clergé ont poursuivi toutes les demandes des
villes? Pourront-elles croire aux ligues se-
crètes et publiques, aux feintes alarmes (1), et

(1) Il est réellement trop plaisant de voir la plupart
des nobles s'efforcer de travestir en insurrection contre
l'autorité royale des démarches qu'ils craignent, au fond
du cœur, comme favorables au despotisme. Ce pauvre
Tiers, auquel ils dénient toute énergie, et dont ils ne
s'expliquent le courage qu'en recourant à ce qu'ils appellent les manœuvres du ministère lui-même, ils ne
craignent point de le représenter comme un assemblage
de *révoltés* contre le Roi. Les nobles disent entre eux :
Rien n'est plus dangereux à la liberté que le langage du
Tiers, qui ressemble un peu trop, en effet, à cette sup-
plication : « Sire, faites de nous ce qu'il vous plaira,
« pourvu que vous ne nous laissiez pas dévorer par les
« aristocrates. » En même temps ils disent au Roi : « Le
« peuple en veut à votre trône : prenez-y garde; il pro-
« jette de renverser la monarchie. » Avec un tel esprit,
pourquoi n'irait-on pas jusqu'à exciter soi-même la po-
pulace, toujours aveugle, toujours superstitieusement
docile aux mouvemens qu'il plaît à l'aristocratie de lui

à la perfidie des manœuvres dont on a enve-
loppé les défenseurs du peuple ? Rien ne sera
oublié dans les fidèles récits que les écrivains
patriotes préparent à la postérité. On fera connaître la *noble* conduite des Magnats de la
France, dans une circonstance si propre, pourtant, à inspirer quelques sentimens de patrio-
tisme aux hommes même les plus absorbés dans
leur égoïsme. Comment des princes de la maison régnante ont-ils pu se déterminer à prendre
parti dans une querelle entre les ordres de
l'État ? Comment ont-ils laissé de méprisables
rédacteurs vomir les calomnies atroces, autant
que ridicules, qui remplissent l'incroyable
mémoire publié sous leur nom ?

On se plaint de la violence de quelques écrivains du Tiers État. Qu'est-ce que la manière
de penser d'un individu isolé ? rien. Les véritables démarches du Tiers État, celles qui sont
authentiques, se bornent aux pétitions des mu-

communiquer ? On se ménagerait ainsi le prétexte de
dire : *Voilà votre Tiers État!* Mais partout les honnêtes gens répondront : *Voilà les aristocrates !* S'il n'y
en avait pas, avec quelle facilité nous deviendrions en ce
moment la première nation du monde , c'est-à-dire la
plus libre et la plus heureuse!

nicipalités et d'une partie des Pays d'État;
Qu'on les compare à la démarche également
authentique des princes contre le peuple, qui
se gardait bien de les attaquer. Quelle modestie! quelle mesure dans les premières! Quelle
violence! quelle profonde iniquité dans la
seconde!

Inutilement le Tiers État attendrait-il du
concours des ordres la restitution de ses droits
politiques, et la plénitude de ses droits *civils*;
la crainte de voir réformer les abus inspire aux
aristocrates plus d'alarmes qu'ils ne sentent
de désirs pour la liberté. Entre elle et quelques
priviléges odieux, ils ont fait choix de ceux-
ci. L'âme des privilégiés s'est identifiée avec
les faveurs de la servitude; ils redoutent aujourd'hui ces États généraux qu'ils invoquaient
naguère avec tant de vivacité. Tout est bien
pour eux; ils ne se plaignent plus que de l'esprit d'innovation; ils ne manquent plus de
rien; la peur leur a donné une constitution.

Le Tiers État doit s'apercevoir, au mouvement des esprits et des affaires, qu'il ne peut
plus rien espérer que de ses lumières et de son
courage; la raison et la justice sont pour lui:
il faut au moins qu'il s'en assure toute la force.

Non, il n'est plus temps de travailler à la conciliation des partis; quel accord peut-on espérer entre l'énergie de l'opprimé et la rage des oppresseurs? Ils ont osé prononcer le mot *scission*; ils en ont menacé le Roi et le peuple. Eh! grand Dieu! qu'il serait heureux pour la nation qu'elle fût faite à jamais, cette scission si désirable! Combien il serait aisé de se passer des privilégiés! combien il sera difficile de les amener à être citoyens!

Les aristocrates, qui ont attaqué les premiers, n'ont pas songé qu'ils commettaient la plus grande maladresse en faisant agiter de certaines questions. Chez un peuple accoutumé à la servitude, on peut laisser dormir les vérités; mais si vous excitez l'attention, si vous avertissez de faire choix entre elles et l'erreur, l'esprit s'attache à la vérité, comme des yeux sains se tournent naturellement vers la lumière. Or, la lumière en morale ne peut se répandre à un certain point sans conduire à l'équité, de gré ou de force; c'est qu'en morale les vérités sont liées aux droits; c'est que la connaissance des droits en réveille le sentiment; c'est que le sentiment de ses droits remonte, au fond de l'âme, le ressort de la li-

berté qui n'est jamais tout-à-fait brisé chez les
Européens. Il faudrait être aveugle pour ne
pas s'apercevoir que notre nation s'est heu-
reusement saisie de quelques-uns de ces principes féconds qui mènent à tout ce qui est
bon, juste et utile. Il n'est plus possible ni de
les oublier, ni de les contempler dans une
stérile indifférence. Dans ce nouvel état de
choses, il est naturel que les classes opprimées
sentent plus vivement le besoin du retour au
bon ordre; elles ont plus d'intérêt à rappeler
parmi les hommes la justice, cette première
des vertus, si long-temps exilée de la terre.
C'est donc au Tiers État à faire les plus grands
efforts, et presque toutes les avances de la restauration nationale. Il faut, au surplus, le
prévenir qu'il ne s'agit pas pour lui, s'il ne
parvient à être mieux, de rester au moins comme
il était. Les circonstances ne souffrent point
ce calcul de la lâcheté. Il s'agit d'avancer ou
de reculer : si vous ne voulez point proscrire
cette foule de priviléges iniques et anti-so-
ciaux, décidez-vous donc à les reconnaître et
à les légitimer. Or, le sang bouillonne à l'idée
seule qu'il fût possible de *consacrer légalement*,
à la fin du dix-huitième siècle, les abominables

fruits de l'abominable féodalité. Il a été un temps, hélas bien long! où l'impuissance du Tiers méritait à sa triste condition les regrets et les larmes des patriotes. Mais si lui-même ourdissait son infortune, si, à l'époque où il peut quelque chose, il se vouait volontairement à l'abjection et à l'opprobre, de quels sentimens, de quels noms faudrait-il le flétrir? On plaignait le faible, il faudrait mépriser le lâche. Écartons l'image du dernier degré de malheur, certainement impossible, puisqu'il supposerait dans vingt-cinq millions d'hommes le dernier degré de bassesse.

Pendant que les aristocrates parleront de leur honneur et veilleront à leur intérêt, le Tiers État, c'est-à-dire la nation, développera sa vertu; car si l'intérêt de corps est égoïsme, l'intérêt national est vertu. On laissera les nobles alimenter leur mourante vanité du plaisir d'injurier le Tiers par les termes les plus insolens de la langue féodale. Ils répéteront les mots de *roturier*s, de *manans*, de *vilains*, oubliant que ces expressions, quelque sens qu'on veuille leur donner, sont ou étrangères aujourd'hui au Tiers État, ou communes aux trois ordres; oubliant encore que, lorsqu'elles

étaient exactes, les quatre-vingt-dix-neuf cen-
tièmes d'entre eux étaient incontestablement
des *roturiers*, des *manans* et des *vilains*, et
les autres, nécessairement des brigands. En
vain les privilégiés fermeraient les yeux sur
la révolution que le temps et la force des choses ont opérée ; elle n'en est pas moins réelle.
Autrefois, le Tiers était serf, l'ordre noble
était tout : aujourd'hui le Tiers est tout, la noblesse est un mot ; mais sous ce mot s'est glissée
illégalement, et par la seule influence d'une
fausse opinion, une nouvelle et intolérable
aristocratie ; et le peuple a toute raison de ne
point vouloir d'aristocrates (1).

(1) *Point d'aristocratie*, devrait être comme le cri de
ralliement de tous les amis de la nation et du bon ordre.
Les aristocrates pourront répondre en disant : *point de
démocratie*. Mais on répétera avec eux et *contre eux*
point de démocratie. Ces messieurs ignorent que des représentans ne sont point des démocrates ; que la véritable démocratie étant impossible chez un peuple nombreux, il est insensé d'y croire ou d'avoir l'air de la
redouter ; mais que la fausse démocratie n'est, hélas !
que trop possible ; qu'elle réside dans une caste qui prétend avoir, par droit de naissance, ou à tout autre titre
aussi ridicule et aussi indépendant de la procuration des
peuples, les *pouvoirs* que le corps des citoyens exerce-

Dans cet état de choses, que reste-t-il à faire au Tiers s'il veut se mettre en possession de ses droits politiques d'une manière utile à la nation? Il se présente deux moyens pour y parvenir.

En suivant le premier, le Tiers doit s'assembler à part; il ne concourra point avec la noblesse et le clergé; il ne votera avec eux ni par *ordre* ni par *têtes*. Je prie qu'on fasse attention à la différence énorme qu'il y a entre l'assemblée du Tiers État et celle des deux autres ordres. La première représente vingt-

rait dans une véritable démocratie. Elle est, cette fausse démocratie, avec tous les maux qu'elle traîne à sa suite, dans un pays que l'on dit, que l'on croit monarchique; mais où une caste privilégiaire s'est attribué le monopole du gouvernement, des pouvoirs et de toutes les places. C'est là cette démocratie féodale que vous avez à redouter, qui ne cesse d'inspirer de vaines terreurs pour se conserver une grande importance, qui cache sa nullité pour le bien sous le nom de *corps intermédiaire*, et sa puissance pour le mal sous l'autorité imposante de l'aristocrate Montesquieu. Il est évident, pour quiconque veut y réfléchir, qu'une caste d'aristocrates, quoique décorée par le plus stupide préjugé, est aussi contraire à l'autorité du monarque qu'aux intérêts du peuple.

cinq millions d'hommes, et délibère sur les intérêts de la nation. Les deux autres, dussent-elles se réunir, n'ont des pouvoirs que d'environ deux cent mille individus, et ne songent qu'à leurs priviléges. Le Tiers seul, dira-t-on, ne peut pas former les *États généraux*. Eh ! tant mieux ! il composera une *Assemblée nationale* (1). Un conseil de cette importance a

(1) Il y a de grands avantages à faire exercer le pouvoir législateur par trois corps ou chambres, plutôt que par une seule. Il y a une extrême déraison à composer ces trois chambres de trois *ordres* ennemis l'un de l'autre. Le véritable milieu consiste donc à séparer en trois divisions égales les représentans du Tiers. Dans cet arrangement, vous trouverez même mission, intérêt commun, et même but. J'adresse cette remarque à ceux qui, épris de l'idée de *balancer les pouvoirs du corps législatif*, imaginent qu'il n'y a rien de mieux en ce genre que la constitution anglaise. Ne peut-on accueillir le bien sans épouser le mal ? D'ailleurs, nous l'avons dit plus haut, les Anglais n'ont qu'un ordre, ou plutôt n'en ont point, de sorte qu'en composant notre chambre législative de différens *ordres*, elle serait, nous ne saurions trop le répéter, infiniment plus vicieuse que celle de nos voisins. C'est une importante recherche que celle des principes sur lesquels on doit régler la formation des chambres législatives, sans manquer à l'intérêt commun, en l'assurant, au contraire, par un juste équilibre entre les

besoin d'être justifié par tout ce que les bons principes offrent de plus clair et de plus certain.

Je dis que les députés du clergé et de la noblesse n'ont rien de commun avec la représentation nationale, que nulle alliance n'est possible entre les trois ordres aux États généraux, et que, ne pouvant point voter *en commun*, ils ne le peuvent ni par *ordre* ni par *têtes*. Nous avons promis, en finissant le troisième chapitre, de prouver ici cette vérité que les bons esprits doivent se hâter de répandre dans le public.

Il n'est pas, dit une maxime de droit universel, *de plus grand défaut que le défaut de pouvoir*. On le sait, la noblesse n'est pas députée par le clergé et le Tiers ; le clergé n'est point chargé de la procuration des nobles et des communes (*a*). Donc, chaque ordre est une nation distincte, qui n'est pas plus compétente à s'immiscer dans les affaires des autres

grands travaux qui le composent essentiellement. Nous traiterons ailleurs cette question.

(*a*) Ni le Tiers chargé de celle des nobles et du clergé.
(M.)

ordres, que les États généraux de Hollande, ou le conseil de Venise, par exemple, ne sont habiles à voter dans les délibérations du parlement d'Angleterre. Un procureur fondé ne peut lier que ses commettans ; un représentant n'a droit de porter la parole que pour ses représentés (1). Si l'on méconnaît cette vérité, il faut anéantir tous les principes et renoncer à raisonner.

On doit voir, d'après cela, qu'il est, en bonne règle, parfaitement inutile de chercher le rapport ou la *proportion* suivant laquelle chaque ordre doit concourir à former la volonté générale. Cette volonté ne peut pas être

---

(1) Néanmoins, gardons-nous bien de demander la réunion des trois ordres dans chaque bailliage pour élire en commun tous les députés. Ce projet semble aller au devant de notre difficulté ; mais je le regarde, d'autre part, comme extrêmement dangereux, tant qu'on ne commencera point par établir l'égalité des droits *politiques*. Il ne faut pas que le Tiers se prête jamais à une démarche par laquelle on lui ferait reconnaître et consacrer la *distinction* des ordres et le triomphe absurde de la minorité sur la très-grande pluralité. Cette imprudente conduite serait aussi nuisible à ses intérêts, à ceux de la nation, que contraire aux règles les plus simples de la bonne politique et de l'arithmétique.

une tant que vous laisserez trois ordres et trois représentations. Tout au plus, ces trois assemblées pourraient se réunir dans le même vœu, comme trois nations alliées peuvent former le même désir. Mais vous n'en ferez jamais *une* nation, *une* représentation et *une* volonté commune.

Je sens que ces vérités, toutes certaines qu'elles sont, deviennent embarrassantes dans un État qui ne s'est pas formé sous les auspices de la raison et de l'équité politique. Que voulez-vous? votre maison ne se soutient que par artifice, à l'aide d'une forêt d'étais informes, placés sans goût et sans dessein, si ce n'est celui d'étançonner les parties à mesure qu'elles menaçaient ruine; il faut la reconstruire, ou bien vous résoudre à vivre, comme l'on dit, au jour le jour, dans la gêne et dans l'inquiétude d'être, à la fin, écrasé sous ses débris. Tout se tient dans l'ordre social: si vous en négligez une partie, ce ne sera pas impunément pour les autres. Si vous commencez par le désordre, vous vous en apercevrez nécessairement à ses suites. Cet enchaînement est nécessaire. Eh! si l'on pouvait retirer de l'injustice et de l'absurdité les mêmes fruits que de la

raison et de l'équité, où seraient les avantages
de celles-ci ?

Vous vous écriez que si le Tiers Etat s'assemble séparément pour former, non les trois
États dits *généraux*, mais l'assemblée nationale, il ne sera pas plus compétent à voter
pour le clergé et la noblesse, que ces deux
ordres ne le sont à délibérer pour le peuple.
D'abord, je vous prie de remarquer, ainsi que
nous venons de le dire, que les représentans
du Tiers auront incontestablement la procuration des vingt-cinq ou vingt-six millions
d'individus qui composent la nation, à l'exception d'environ deux cent mille nobles ou
prêtres; c'est bien assez pour qu'ils se décer-
nent le titre d'*Assemblée nationale* (a). Ils délibéreront donc, sans aucune difficulté, pour
la nation entière, à l'exception seulement de
deux cent mille têtes.

Dans cette supposition momentanée, le
clergé pourrait continuer à tenir ses assemblées pour le don gratuit, et la noblesse adop-

---

(a) L'auteur ne songe pas que de ces 25 millions, il en
faut ôter plus de la moitié mendians, journaliers, domestiques, gagistes, fermiers, etc., que lui-même convient n'avoir pas de droit à une représentation.   (M.)

terait un moyen quelconque d'offrir son subside
au Roi ; et pour que les arrangemens particuliers à ces deux ordres ne pussent jamais devenir onéreux aux Tiers, celui-ci commence-
rait par déclarer fortement qu'il n'entend payer
aucune imposition qui ne serait pas supportée
par les deux autres ordres. Il ne voterait le
subside qu'à cette condition ; et lors même que
le tribut aurait été réglé, il ne serait point levé
sur le peuple, si l'on apercevait que le clergé
et la noblesse s'en exemptassent sous quelque
prétexte que ce fût.

Cet arrangement serait, peut-être, malgré
les apparences, aussi bon qu'un autre à ramener peu à peu la nation à l'unité sociale. Mais
du moins il remédierait, dès à présent, au
danger qui menace ce pays. Comment, en
effet, le peuple ne serait-il pas saisi d'effroi en
voyant deux corps privilégiaires, et peut-être
un troisième mi-parti, se disposer, sous le nom
d'États généraux, à décider de son sort, à lui
imposer des destinées immuables autant que
malheureuses ? Il est trop juste de dissiper les
alarmes de vingt-cinq millions d'hommes, et
quand on fait tant que de *parler* constitution,
il faut prouver, par ses principes et sa con-

13 *

duite , qu'on en connaît et qu'on en respecte les premiers élémens.

Il est constant que les députés du clergé et de la noblesse ne sont point représentans de la nation : ils sont donc incompétens à voter pour elle (*a*).

Si vous les laissez délibérer dans les matières d'intérêt général, qu'en résultera-t-il ? 1°. Si les votes sont pris par *ordres*, il s'ensuivra que vingt-cinq millions de citoyens ne pourront rien décider pour l'intérêt général, parce qu'il ne plaira pas à cent ou deux cent mille individus privilégiés ; ou autrement, que les volontés de cent personnes seront frappées d'interdiction, et anéanties par la volonté d'une seule.

2°. Si les votes sont pris par *têtes* , à nombre égal , entre les privilégiés et les non privilégiés , il s'ensuivra toujours que les volontés de deux cent mille personnes pourront balancer celles de vingt-cinq millions , puisqu'elles auront un égal nombre de représentans (*b*). Or, n'est-il pas monstrueux de composer une

(*a*) Mais non pour eux-mêmes ; et ne font-ils pas partie de la nation ?   (M.)

(*b*) Pourquoi pas, s'il est question d'intérêt et de propriété de ces 200 mille personnes ?   (M.)

assemblée de manière qu'elle puisse voter pour l'intérêt de la minorité ? N'est-ce pas là une assemblée à l'*envers* ?

Nous avons démontré dans le chapitre précédent la nécessité de ne reconnaître la volonté *commune* que dans l'avis de la pluralité (*a*). Cette maxime est incontestable. Il suit qu'en France les représentans du Tiers sont les vrais dépositaires de la volonté nationale (*b*). Ils peuvent donc, sans erreur, parler au nom de la nation entière. Car, en supposant même les privilégiés réunis toujours unanimes contre la voix du Tiers, ils n'en seraient pas moins incapables de balancer la pluralité dans les délibérations de cet ordre. Chaque député du Tiers, d'après le nombre fixé, vote à la place d'environ cinquante mille hommes ; il suffirait donc de statuer que la pluralité sera de cinq voix au-dessus de la moitié, dans la chambre des communes, pour que les voix unanimes des deux cent mille nobles ou prêtres fussent couvertes par ces cinq voix, et dussent être

(*a*) Oui, sur les choses communes. (M.)

(*b*) Sur les choses nationales, à la bonne heure.
(M.)

ainsi regardées comme indifférentes à connaître ; et remarquez que, dans cette supposition,
j'oublie un moment que les députés des deux
premiers ordres ne sont point représentans·de
la nation, et je veux bien admettre encore que,
siégeant dans la véritable assemblée nationale,
avec la seule influence pourtant qui leur appartient, ils opineraient sans relâche contre le
vœu de la pluralité. Alors même, il est visible
que leur avis serait perdu dans la minorité.

　En voilà bien assez pour démontrer l'obligation où sera le Tiers État de former à lui
seul une assemblée nationale, et pour autori-
ser, devant la raison et l'équité, la prétention
que pourrait avoir cet ordre, de délibérer et
de voter pour la nation entière sans aucune
exception.

　Je sais que de tels principes ne seront pas
du goût même des membres du Tiers les plus
habiles à défendre ses intérêts. Soit : pourvu
que l'on convienne que je suis parti des vrais
principes, et que je ne marche qu'à l'appui
d'une bonne logique. Ajoutons que le Tiers
État, en se séparant des deux premiers ordres,
ne peut pas être accusé de faire *scission ;* il
faut laisser cette imprudente expression, ainsi

que le sens qu'elle renferme, à ceux qui l'ont employée les premiers. En effet, la pluralité ne se sépare point du tout ; il y aurait contradiction dans les termes, car il faudrait pour cela qu'elle se séparât d'elle-même. Ce n'est qu'à la minorité qu'il appartient de ne vouloir point se soumettre au vœu du grand nombre, et par conséquent de faire scission.

Cependant notre intention, en montrant au Tiers toute l'étendue de ses ressources ou plutôt de ses droits, n'est point de l'engager à en user en toute rigueur.

J'ai annoncé plus haut pour le Tiers deux moyens de se mettre en possession de la place qui lui est due dans l'ordre politique. Si le premier, que je viens de présenter, paraît un peu trop brusqué ; si l'on juge qu'il faut laisser le temps au public de s'accoutumer à la liberté ; si l'on croit que des droits nationaux, quelque évidens qu'ils soient, ont encore besoin, dès qu'ils sont disputés, même par le plus petit nombre, d'une sorte de jugement légal qui les fixe, pour ainsi dire, et les consacre par une dernière sanction, je le veux bien : appelons-en au tribunal de la nation, seul juge compétent dans tous les différends qui touchent à la constitution. Tel est le deuxième moyen ouvert au Tiers.

Ici, nous avons besoin de nous rappeler tout ce qui a été dit dans le chapitre précédent, tant sur la nécessité de *constituer* le corps des représentans ordinaires, que sur celle de ne confier ce grand ouvrage qu'à une députation extraordinaire, ayant *ad hoc* un pouvoir spécial.

On ne niera pas que la chambre du Tiers aux prochains États généraux ne soit très-compétente assurément à convoquer le royaume en *représentation extraordinaire*. C'est donc à lui, surtout, qu'il appartient de prévenir la généralité des citoyens sur la fausse constitution de la France. C'est à lui à se plaindre hautement que les États généraux, composés de plusieurs ordres, ne peuvent être qu'un corps mal organisé, incapable de remplir ses fonctions nationales; c'est à lui à démontrer en même temps la nécessité de donner à une députation extraordinaire un pouvoir spécial pour régler, par des lois certaines, les formes constitutives de sa législature.

Jusque là, l'ordre du Tiers suspendra, non pas ses travaux préparatoires, mais l'exercice de son pouvoir; il ne statuera rien définitivement; il attendra que la nation ait jugé le grand procès qui divise les trois ordres. Telle est, j'en conviens, la marche la plus franche, la plus généreuse, et, par conséquent, la plus convenable à la dignité du Tiers État.

Le Tiers peut donc se considérer sous deux rapports : sous le premier, il ne se regarde que comme *un ordre;* il veut bien alors ne pas secouer tout-à-fait les préjugés de l'ancienne barbarie; il distingue deux autres ordres dans l'État, sans leur attribuer pourtant d'autre influence que celle qui peut se concilier avec la nature des choses, et il a pour eux tous les égards possibles, en consentant à douter de ses droits jusqu'à la décision du juge suprême.

Sous le second rapport, il est la *nation.* En cette qualité, ses représentans forment toute l'assemblée nationale; ils en ont tous les pouvoirs. Puisqu'ils sont *seuls* dépositaires de la volonté générale, ils n'ont pas besoin de consulter leurs commettans sur une dissension qui n'existe pas; s'ils ont à demander une constitution, c'est d'un commun accord; ils sont toujours prêts à se soumettre aux lois qu'il plaira à la nation de leur donner; mais ils n'ont à la provoquer sur aucune des questions qui sont nées de la pluralité des ordres. Pour eux, il n'y a qu'un ordre ; c'est-à-dire il n'y en a point, puisque pour la nation il ne peut y avoir que la nation.

L'envoi d'une députation *extraordinaire*, ou du moins la concession d'un nouveau pouvoir spécial, ainsi qu'elle a été expliquée ci-dessus, pour régler, avant tout, la grande affaire de la constitution, est donc le vrai moyen de mettre fin à la dissension actuelle et aux troubles possibles de la nation. N'y eût-il rien à craindre de ces troubles, ce serait encore une mesure nécessaire à prendre, parce que, tranquilles ou non, nous ne pouvons pas nous passer de connaître nos droits politiques, et de nous en mettre en possession. Cette nécessité nous paraîtra plus pressante encore si nous songeons que les droits politiques sont la seule garantie des droits civils et de la liberté individuelle. J'invite le lecteur à réfléchir sur cette proposition.

Je terminerais ici mon Mémoire sur le Tiers État, si je n'avais entrepris que d'offrir des moyens de conduite.....; mais je me suis proposé encore de développer des principes. Qu'il

me soit donc permis de suivre les intérêts du
Tiers jusque dans la discussion publique qui
pourra s'élever sur la véritable *composition*
d'une assemblée nationale. Les représentans
extraordinaires auront-ils égard, en fixant la
constitution législative, à l'odieuse et impolitique *distinction* des ordres? Ce n'est point des
affaires ni du pouvoir que je vais parler, mais
des lois qui doivent déterminer la composition
personnelle des députations. Y mettra-t-on,
outre les citoyens, des prêtres et des nobles à
un autre titre que celui de citoyen; et surtout
leur laissera-t-on exercer, à cet égard, des
droits séparés et supérieurs? Grandes questions, dont il faut au moins exposer les vrais
principes.

Attachons-nous d'abord à comprendre clairement quel est *l'objet* ou le *but* de l'assemblée
representative d'une nation; cet *objet* ne peut
pas être différent de celui que se proposerait la
nation elle-même, si elle pouvait se réunir et
conférer dans le même lieu.

Qu'est-ce que la volonté d'une nation? c'est
le résultat des volontés individuelles, comme
la nation est l'assemblage des individus. Il est
impossible de concevoir une association légi-

time qui n'ait pas pour objet la sécurité commune, la liberté commune, enfin la chose
publique. Sans doute chaque particulier se
propose, en outre, des fins particulières; il se
dit : A l'abri de la sécurité commune, je me
livrerai tranquillement à mes projets personnels; je suivrai ma félicité comme je l'enten-
drai, assuré de ne rencontrer de bornes légales
à mes désirs que celles que la société me pres-
crira pour l'intérêt commun, auquel j'ai part,
et avec lequel mon intérêt particulier a fait
une alliance si utile.

Mais conçoit-on qu'il puisse y avoir dans
l'assemblée générale un membre assez insensé
pour oser tenir ce langage : « Vous voilà réunis, non pour délibérer sur nos affaires communes, mais pour vous occuper des miennes
en particulier, et de celles d'une petite coterie
que j'ai formée avec quelques-uns d'entre
vous. »

Dire que des associés s'assemblent pour régler les choses qui les regardent en commun,
c'est expliquer le seul motif qui a pu engager
les membres à entrer dans l'association, c'est
dire une de ces vérités premières, si simples,
qu'on les affaiblit en voulant les prouver. Voilà

donc l'objet de l'assemblée : les affaires communes.

Actuellement il est intéressant de s'expliquer comment tous les membres d'une assemblée nationale vont concourir par leurs volontés individuelles à former cette volonté commune, qui ne doit aller qu'à l'intérêt public.

Présentons d'abord ce jeu ou ce mécanisme politique dans la supposition la plus avantageuse : ce serait celle où l'esprit public, dans sa plus grande force, ne permettrait de manifester à l'assemblée que l'activité de l'intérêt commun. Ces prodiges ont été clair-semés sur la terre, et aucun n'a duré long-temps. Ce serait bien mal connaître les hommes que de lier la destinée des sociétés à des efforts de vertu. Il faut que, dans la décadence même des mœurs politiques, lorsque l'égoïsme paraît gouverner toutes les âmes, il faut, dis-je, que, même dans ces longs intervalles, l'assemblée d'une nation soit tellement constituée, que les intérêts particuliers y restent isolés, et que le vœu de la pluralité y soit toujours conforme au bien général. Cet effet est assuré si la constitution est supportable.

Remarquons dans le cœur des hommes trois espèces d'intérêt : 1°. celui par lequel les citoyens se ressemblent : il présente la juste étendue de l'intérêt commun ; 2°. celui par lequel un individu s'allie à quelques autres seulement : c'est l'intérêt de corps ; et enfin, 3°. celui par lequel chacun s'isole, ne songeant qu'à soi : c'est l'intérêt personnel.

L'intérêt par lequel un homme s'accorde avec tous ses coassociés est évidemment l'objet de la volonté de tous, et celui de l'assemblée commune.

Chaque votant peut apporter à l'assemblée ses deux autres intérêts. Soit : mais d'abord, l'intérêt personnel n'est point à craindre ; il est isolé ; chacun a le sien ; sa diversité est son véritable remède.

La grande difficulté vient donc de l'intérêt par lequel un citoyen s'accorde avec quelques autres seulement. Celui-ci permet de se concerter, de se liguer ; par lui se combinent les projets dangereux pour la communauté ; par lui se forment les ennemis publics les plus redoutables : l'histoire est pleine de cette triste vérité.

Qu'on ne soit donc pas étonné si l'ordre so-

-cial exige avec tant de rigueur de ne point
laisser les simples citoyens se disposer en *corporations*, s'il exige même que les mandataires
du pouvoir public, qui seuls, par la nécessité
des choses, doivent former de véritables *corps*,
renoncent, tant que dure leur emploi, à être
élus pour la représentation législative.

Ainsi, et non autrement, l'intérêt commun
est assuré de dominer les intérêts particuliers.

A ces seules conditions, nous pouvons nous
rendre raison de la possibilité de fonder les
associations humaines sur l'avantage général
des associations, et, par conséquent, nous expliquer la légitimité des sociétés politiques.

Ainsi, et non autrement, on arrive à la solution de notre problème, et l'on s'explique
comment, *dans une assemblée nationale,
les intérêts particuliers doivent rester isolés,
et le vœu de la pluralité doit y être toujours
conforme au bien général.*

En méditant ces principes, on sent avec
force la nécessité de constituer l'assemblée représentative sur un plan qui ne lui permette
pas de se former un esprit de corps, et de dégénérer en aristocratie. De là ces maximes
fondamentales, suffisamment développées ail-

leurs (1), que le corps des représentans doit
être régénéré par tiers tous les ans; que les députés qui finissent leur temps ne doivent être
de nouveau éligibles qu'après un intervalle
suffisant pour laisser au plus grand nombre
possible de citoyens la facilité de prendre part
à la chose publique, qui ne serait plus, si elle
pouvait être regardée comme la chose propre à
un certain nombre de familles, etc., etc.

Mais lorsqu'au lieu de rendre hommage à
ces premières notions, à ces principes si simples et si certains, le législateur crée, au contraire, lui-même des corporations dans l'État,
avoue toutes celles qui se forment, les consacre par sa puissance; quand enfin il ose appeler les plus grandes, les plus privilégiées, et,
par conséquent, les plus funestes, à faire partie, sous le nom d'*ordres*, de la représentation
nationale, on croit voir le mauvais principe
s'efforçant de tout gâter, de tout ruiner, de
tout bouleverser parmi les hommes. Pour com-
bler et consolider le désordre social, il ne res-
tait plus qu'à donner à ces terribles *jurandes*

_____

(1) Voyez les *Vues sur les moyens d'exécution*,
sect. III.

une prépondérance réelle sur le grand corps de
la nation ; et c'est ce qu'on pourrait accuser le
législateur d'avoir fait en France , s'il n'était
plus naturel d'imputer la plupart des maux
qui affligent ce superbe royaume au cours aveugle des événemens , ou à l'ignorance et à la
férocité de nos devanciers.

Nous connaissons le véritable *objet* d'une
assemblée nationale : elle n'est point faite pour
s'occuper des affaires particulières des citoyens,
elle ne les considère qu'en masse , et sous le
point de vue de l'intérêt *commun*. Tirons-en
la conséquence naturelle que le droit à se faire
représenter n'appartient aux citoyens qu'à
cause des qualités qui leur sont communes ,
et non à cause de celles qui les différencient.

Les avantages par lesquels les citoyens dif-
fèrent sont *au delà* du caractère de citoyen.
Les inégalités de propriétés et d'industrie sont
comme les inégalités d'âge , de sexe , de taille,
de couleur, etc. Elles ne dénaturent nullement l'*égalité* du civisme ; les droits du civisme
ne peuvent point s'attacher à des différences.
Sans doute ces avantages *particuliers* sont
sous la sauvegarde de la loi ; mais ce n'est pas
au législateur à en créer de cette nature , à

14

donner des priviléges aux uns, à les refuser
aux autres. La loi n'accorde rien ; elle protége
ce qui est, jusqu'au moment où ce qui est commence à nuire à l'intérêt commun. Là seulement sont placées les limites de la liberté individuelle. Je me figure la loi au centre d'un
globe immense : tous les citoyens, sans exception, sont à la même distance sur la circonfé-
rence, et n'y occupent que des places égales ;
tous dépendent également de la loi, tous lui
offrent leur liberté et leurs propriétés à protéger ; et c'est ce que j'appelle les *droits communs* de citoyens, par où ils se ressemblent
tous. Tous ces individus correspondent entre
eux ; ils négocient, ils s'engagent les uns envers les autres, toujours sous la garantie commune de la loi. Si, dans ce mouvement général, quelqu'un veut dominer la personne de
son voisin ou usurper sa propriété, la loi commune réprime cet attentat ; mais elle n'empêche point que chacun, suivant ses facultés
naturelles et acquises, suivant des hasards plus
ou moins favorables, n'enfle sa propriété de
tout ce que le sort prospère ou un travail plus
fécond pourra y ajouter, et ne puisse, sans
déborder sa place légale, s'élever ou se com-

poser, en son particulier, le bonheur le plus conforme à ses goûts et le plus digne d'envie. La loi, en protégeant les droits communs de tout citoyen, protège chaque citoyen dans tout ce qu'il peut être, jusqu'à l'instant où ses tentatives blesseraient les droits d'autrui (1).

Peut-être reviens-je un peu trop sur les mêmes idées; mais je n'ai pas le temps de les réduire à leur plus parfaite simplicité; et, d'ailleurs, ce n'est pas lorsqu'on présente des notions trop méconnues, qu'il est bon d'être si concis.

Les intérêts par lesquels les citoyens se ressemblent sont donc les seuls qu'ils puissent traiter en commun, les seuls par lesquels et au nom desquels ils puissent réclamer des

(1) Je ne me charge point de répondre aux pauvretés verbeuses, si plaisantes quelquefois par le non-sens, mais si méprisables par l'intention, que de petites femmes et de petits hommes débitent ridiculement sur l'épouvantable mot d'*égalité*. Ces malveillantes puérilités n'auront qu'un temps, et ce temps passé, un écrivain serait bien honteux d'avoir employé sa plume à réfuter de pitoyables radotages qui étonneraient alors ceux même qui s'en honorent aujourd'hui, et leur feraient dire avec dédain : *Mais cet auteur nous prend donc pour des imbécilles !*

14 *

droits politiques, c'est-à-dire une part active à la formation de la loi sociale, les seuls, par conséquent, qui impriment au citoyen la qualité *représentable*.

Ce n'est donc pas parce qu'on est *privilégié*, mais parce qu'on est *citoyen*, qu'on a droit à l'élection des députés et à l'éligibilité. Tout ce qui appartient aux citoyens, je le répète, avantages communs, avantages particuliers, pourvu que ceux-ci ne blessent pas la loi, ont droit à la protection; mais l'union sociale n'ayant pu se faire que par des points communs, il n'y a que la qualité commune qui ait droit à la législation. Il suit de là que l'intérêt de corps, loin d'influer dans la législature, ne peut que la mettre en défiance; il sera toujours aussi opposé à l'objet qu'étranger à la mission d'un corps de représentans.

Ces principes deviennent plus rigoureux encore quand il s'agit des *ordres privilégiaires*. J'entends par privilégié tout homme qui sort du droit commun, soit parce qu'il prétend n'être pas soumis en tout à la loi commune, soit parce qu'il prétend à des droits exclusifs. Nous avons suffisamment prouvé ailleurs que tout privilége était, de sa nature, injuste,

odieux, et contraire au pacte social. Une classe
privilégiaire est à la nation ce que les avantages particuliers sont au citoyen; comme eux,
elle n'est point *représentable*. Je n'en dis pas
assez : une classe privilégiaire est à la nation
ce que des avantages particuliers *nuisibles* sont
au citoyen; le législateur fait son devoir en
les supprimant. Ce parallèle présente une dernière différence : c'est qu'un avantage particulier nuisible aux autres est au moins utile à
celui qui le possède, au lieu qu'une classe privilégiaire est un fléau pour la nation qui l'en-
dure; de sorte que, pour arriver à une comparaison exacte, on est forcé de considérer la
classe privilégiaire dans une nation, comme on
regarderait sur le corps d'un malheureux une
maladie affreuse qui lui dévorerait la chair
vive. Couvrez-la, vous en avez besoin, de
toutes les distinctions honorifiques dont vous
pourrez vous aviser.

Une classe privilégiaire est donc nuisible,
non-seulement par l'esprit de corps, mais par
son existence seule. Plus elle a obtenu de ces
faveurs, nécessairement contraires à la liberté
commune, plus il est essentiel de l'écarter de
l'assemblée nationale. Le privilégié ne serait
représentable que par sa qualité de citoyen;

mais en lui cette qualité est détruite, il est
hors du civisme, il est ennemi des droits communs (1). Lui donner un droit à la représentation serait une contradiction manifeste dans
la loi ; la nation n'aurait pu s'y soumettre que
par un acte de servitude, et c'est ce qu'on ne
peut supposer.

Lorsque nous avons prouvé que le mandataire du pouvoir actif ne devait être ni électeur ni éligible pour la représentation législative, nous n'avons pas cessé, pour cela, de
le regarder comme un vrai citoyen ; il l'est,
comme tous les autres, par ses droits indivi-
duels ; et les fonctions nécessaires et honorables qui le distinguent, loin de détruire en lui
le civisme, loin de le choquer dans autrui,
sont, au contraire, établies pour en servir les
droits. S'il est pourtant nécessaire de suspen-
dre l'exercice de ses droits politiques, que doit-
ce être de ceux qui, méprisant les droits communs, s'en sont composé de tels, que la nation y est étrangère, de ces hommes dont l'existence seule est une hostilité continuelle contre
le grand corps du peuple ? Certes, ceux-là ont
renoncé au caractère de citoyen, et ils doivent

_____

(1) Voyez l'*Essai sur les Priviléges.*

être exclus des droits d'électeur et d'éligible plus sûrement encore que vous n'en écarteriez un étranger, dont au moins l'intérêt avoué pourrait bien n'être pas opposé au vôtre.

Résumons : il est de principe que tout ce qui sort de la qualité commune de citoyen ne saurait participer aux droits politiques. La législature d'un peuple ne peut être chargée de pourvoir qu'à l'intérêt général. Mais si, au lieu d'une simple distinction presque indifférente à la loi, il existe des privilégiés ennemis par état de l'ordre commun, ils doivent être positivement exclus; ils ne peuvent être ni électeurs ni éligibles, tant que dureront leurs odieux priviléges.

Je sais que de pareils principes vont paraître extravagans à la plupart des lecteurs; la vérité doit paraître aussi étrange au préjugé que celui-ci peut l'être pour la vérité : tout est relatif. Que mes principes soient certains, que mes conséquences soient bien déduites, il me suffit.

Au moins, dira-t-on, ce sont là des choses absolument *impraticables* par le temps qui court; aussi je ne me charge point de les pratiquer. Mon rôle à moi est celui de tous les écrivains patriotes; il consiste à publier la vé-

rité. D'autres s'en rapprocheront plus ou moins,
selon leur force et selon les circonstances, ou
bien s'en écarteront par mauvaise foi; et alors
nous souffrirons ce que nous ne pouvons pas
empêcher. Si tout le monde pensait *vrai*, les
plus grands changemens, dès qu'ils présente-
raient un objet d'utilité publique, n'auraient
rien de difficile. Que puis-je faire de mieux que
d'aider de toutes mes forces à répandre cette
vérité qui prépare les voies? On commence par
la mal recevoir; peu à peu les esprits s'y accoutument, l'opinion publique se forme, et
enfin l'on aperçoit à l'exécution des principes
qu'on avait d'abord traités de folles chimères.
Dans presque tous les ordres de préjugés, si
des écrivains n'avaient consenti à passer pour
fous, le monde en serait aujourd'hui moins
sage.

Je rencontre partout de ces gens qui, par
modération, voudraient *détailler* la vérité, ou
n'en présenter à la fois que de légères parcelles.
Je doute qu'ils s'entendent lorsqu'ils parlent
ainsi; à coup sûr, ils ne considèrent pas assez
la différence des obligations imposées à l'administrateur et au philosophe. Le premier s'a-
vance comme il peut; pourvu qu'il ne sorte
pas du bon chemin, on n'a que des éloges à

lui donner. Mais ce chemin doit avoir été percé
jusqu'au bout par le philosophe ; il doit être
arrivé au terme , sans quoi il ne pourrait point
garantir que c'est véritablement le chemin qui
y mène.

S'il prétend m'arrêter quand il lui plaît , et
comme il lui plaît ; sous prétexte de prudence ,
comment saurai-je qu'il me conduit bien ? fau-
dra-t-il l'en croire sur parole ? ce n'est pas dans
l'ordre de la raison qu'on se permet une confiance aveugle.

Il semble , en vérité , qu'on veut et qu'on
espère , en ne disant qu'un mot après l'autre ,
surprendre un ennemi , le faire donner dans
un piége. Je ne veux point discuter si même ,
entre particuliers , une conduite franche n'est
pas aussi la plus habile ; mais à coup sûr , l'art
des réticences , et toutes ces finesses de conduite que l'on croit le fruit de l'expérience des
hommes , sont une vraie folie dans des affaires
nationales traitées publiquement par tant d'intérêts réels et éclairés. Ici le vrai moyen d'a-
vancer ses affaires n'est pas de cacher à son
ennemi ce qu'il sait aussi bien que nous , mais
de pénétrer la pluralité des citoyens de la justice de leur cause.

On imagine faussement que la vérité peut se

diviser, s'isoler, et entrer ainsi, en petites *portions*, plus facilement dans l'esprit. Non : le plus souvent il faut de bonnes secousses; la vérité n'a pas trop de toute sa lumière pour produire de ces impressions fortes qui la gravent pour jamais au fond de l'âme, de ces impressions d'où naît un *intérêt* passionné pour ce qu'on a reconnu vrai, beau et utile. Faites-y attention : dans le monde physique, ce n'est pas du rayon direct, c'est de ses reflets que naît la lumière; dans le monde moral, c'est du rapport et de l'ensemble de toutes les *vérités* qui appartiennent à un sujet. A défaut de cet ensemble, on ne se sent jamais suffisamment éclairé, et l'on croit souvent tenir une vérité qu'il faudra abandonner à mesure qu'on méditera davantage.

Quelle pauvre idée on a de la marche de la raison, quand on pense qu'un peuple entier peut rester aveugle sur ses vrais intérêts, et que les vérités les plus utiles, concentrées dans quelques têtes seulement, ne doivent paraître qu'à mesure qu'un habile administrateur en aura besoin pour le succès de ses opérations! D'abord cette vue est fausse, parce qu'elle est impossible à suivre. De plus, elle est mauvaise; ignore-t-on que la vérité ne s'insinue que len-

tement dans une masse aussi énorme que l'est
une nation? Il n'y aura toujours que trop de
temps perdu. Ne faut-il pas laisser aux hommes que la vérité gêne le temps de s'y accoutumer ; aux jeunes gens qui la reçoivent avide-
ment, celui de devenir quelque chose, et aux
vieillards, celui de n'être plus rien? En un
mot, veut-on attendre, pour semer, le moment
de la récolte?

La raison, d'ailleurs, n'aime point le mys-
tère ; elle n'est puissante en œuvres que par
une grande expansion ; ce n'est qu'en frappant
partout qu'elle frappe juste, parce que c'est
ainsi que se forme l'opinion publique, à laquelle on doit peut-être attribuer la plupart
des changemens vraiment avantageux aux peuples, et à laquelle seule il appartient d'être
utile aux peuples libres.

Les esprits, dites-vous, ne sont pas encore
disposés à vous entendre ; vous allez choquer
beaucoup de monde. Il le faut ainsi : la vérité
la plus utile à publier n'est pas celle dont on
était déjà assez voisin, ce n'est pas celle que
l'on était déjà près d'accueillir. Non, c'est précisément parce qu'elle va irriter plus de préjugés et plus d'intérêts personnels, qu'il est
plus nécessaire de la répandre.

On ne fait pas attention que le préjugé qui
mérite le plus de ménagement est celui qui se
joint à la bonne foi ; que l'intérêt personnel le
plus dangereux à irriter est celui auquel la
bonne foi prête toute l'énergie du sentiment
qu'on a pour soi la justice. Il faut ôter aux ennemis de la nation cette force étrangère ; il
faut, en les éclairant, les condamner à la conscience *affaiblissante* de la mauvaise foi.

Les personnes modérées à qui j'adresse ces
réflexions cesseront de craindre pour le sort
des vérités qu'elles appellent prématurées, lorsqu'elles cesseront de confondre la conduite
mesurée et prudente de l'administrateur qui
gâterait tout en effet, en ne calculant pas les
résistances, avec le libre élan du philosophe
que la vue des difficultés ne peut qu'exciter
davantage, à qui il n'appartient même pas de
négocier avec elles, et qui est d'autant plus
appelé à présenter les bons principes sociaux,
que les esprits sont plus encroûtés de barbarie
féodale.

Lorsque le philosophe perce une route, il
n'a affaire qu'aux *erreurs ;* s'il veut avancer, il
doit les abattre sans ménagement. L'administrateur vient ensuite ; il rencontre les *intérêts*,
plus difficiles à aborder, j'en conviens ; ici il

faut un talent nouveau, une science plus rare,
différente des seules méditations de l'homme
de cabinet, mais, qu'on ne s'y trompe pas, bien
plus étrangère encore à l'art de tels et tels ministres, qui se sont crus administrateurs, parce
qu'ils n'étaient pas philosophes.

A son tour, l'on voudra bien reconnaître,
si l'on est juste, que les spéculations des philosophes ne méritent pas toujours d'être dé-
daigneusement reléguées dans la classe des
pures chimères. Si l'opinion finit par dicter
des lois, même aux législateurs, certes, celui
qui peut influer sur la formation de cette opinion n'est pas aussi inutile, aussi inactif que
le prétendent tant de gens qui n'ont jamais in-
flué sur rien.

Les discoureurs sans idées, et il en est quelques-uns de ce genre, rabâchent sans fin de
misérables propos sur ce qu'ils appellent l'importance de la pratique, et l'inutilité ou le
danger de la théorie. Je n'ai qu'un mot à dire :
supposez telle suite qu'il vous plaira de *faits*
les plus sages, les plus utiles, les plus excel-
lens possibles ; eh bien ! croyez-vous qu'il
n'existe pas dans l'ordre théorique une suite
d'idées ou de vérités exactement correspondante à votre chaîne pratique ? Si vous n'êtes

pas hors de la raison, elle vous suit; disons
mieux, elle vous précède. Qu'est-ce que la
théorie, s'il vous plaît, si ce n'est cette suite
correspondante de vérités que vous ne savez
point apercevoir avant leur *réalisation*, et
qu'il faut bien cependant que quelqu'un ait
aperçues, à moins que tout le monde n'ait
opéré sans savoir ce qu'on faisait. Les gens qui,
pour l'ordinaire, fatiguent la conversation des
non-sens que je viens de relever, ne sont, en
vérité, pas plus à la pratique qu'à la théorie.
Pourquoi ne prennent-ils pas le parti plus
sage, plus *pratique*, de s'éclairer de l'une,
s'ils en ont la faculté, au moins de profiter de
l'autre, en se taisant sur des questions auxquelles ils peuvent au fond se consoler de ne
rien entendre? Revenons.

Enfin, dira-t-on, si les privilégiés n'ont aucun droit à intéresser la *volonté commune* à
leurs priviléges, au moins doivent-ils, en leur
qualité de citoyens, jouir, confondus avec le
reste de la société, de leurs droits politiques à
la représentation.

J'ai déjà dit qu'en revêtant le caractère de
privilégié, ils sont devenus les ennemis réels
de l'intérêt commun; ils ne peuvent donc
point être chargés d'y pourvoir.

J'ajoute qu'ils sont les maîtres de rentrer, quand ils le voudront, dans la véritable nation, en se purgeant de leurs injustes priviléges; ainsi c'est bien volontairement qu'ils s'excluent de l'exercice des droits politiques. Enfin, leurs véritables droits, ceux qui peuvent être l'objet de l'assemblée nationale, leur étant communs avec les députés qui la composent, ils peuvent se rassurer, en songeant que ces députés se blesseraient eux-mêmes s'ils tentaient d'y nuire.

Il est donc certain que les seuls membres non privilégiés sont susceptibles d'être électeurs et députés à l'assemblée nationale. Le vœu du Tiers sera toujours bon pour la généralité des citoyens; celui des privilégiés serait toujours mauvais, à moins que, négligeant leur intérêt particulier, ils ne voulussent voter comme de simples citoyens, c'est-à-dire comme le Tiers État lui-même : donc le Tiers suffit à tout ce qu'on peut espérer d'une assemblée nationale; donc lui seul est capable de procurer tous les avantages qu'on a lieu de se promettre des États généraux.

Peut-être pensera-t-on qu'il reste aux privilégiés, pour dernière ressource, de se considérer comme une nation à part, et de deman-

der une représentation distincte et indépendante. J'ai, moi-même, fait un moment cette
supposition. Mais elle est inadmissible. Il a
été démontré d'avance, au premier chapitre de
cet écrit, que les ordres privilégiaires n'étaient
point, ne pouvaient pas être un peuple à part.
Ils ne sont et ne peuvent être qu'aux dépens
d'une véritable nation. Quelle est celle qui
consentira volontairement à une telle charge ?

La justice et la raison ne sauraient se plier
à vos convenances. Ne demandez point quelle
place, enfin, des classes privilégiées doivent
occuper dans l'ordre social : c'est demander
quelle place on veut assigner dans le corps
d'un malade à l'humeur maligne qui le mine
et le tourmente. Il faut la *neutraliser*; il faut
rétablir la santé et le jeu de tous les organes,
assez bien pour qu'il ne se forme plus de ces
combinaisons morbifiques, propres à vicier les
principes les plus essentiels de la vitalité. Mais
on vous dit que vous n'êtes pas encore capables
de supporter la santé ; et vous écoutez cet apho-
risme de la sagesse aristocratique, comme les
peuples orientaux reçoivent les consolations
du fatalisme ! Restez donc malades.

FIN.

QU'EST-CE QUE

LE

TIERS ÉTAT?

PRÉCÉDÉ

DE L'ESSAI

SUR LES PRIVILÉGES;

PAR L'ABBÉ SIEYES,

EX-MEMBRE DE L'ASSEMBLÉE CONSTITUANTE, DE LA CONVENTION
NATIONALE, DU CONSEIL DES CINQ CENTS, DU CONSEIL DES ANCIENS,
AMBASSADEUR A BERLIN, MEMBRE DU DIRECTOIRE DE LA RÉPU-
BLIQUE FRANÇAISE, SECOND CONSUL, SÉNATEUR, MEMBRE DE
L'INSTITUT NATIONAL, GRAND OFFICIER DE LA LÉGION-D'HONNEUR,
GRAND CROIX DE L'ORDRE DE LA RÉUNION, COMTE DE L'EMPIRE
PAIR DE FRANCE, etc., etc.

NOUVELLE ÉDITION,

AUGMENTÉE DE VINGT-TROIS NOTES,

PAR L'ABBÉ MORELLET.

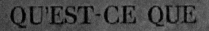

PARIS,

CHEZ ALEXANDRE CORRÉARD, LIBRAIRE, PALAIS-ROYAL,
GALERIE DE BOIS, N°. 258.

1822.

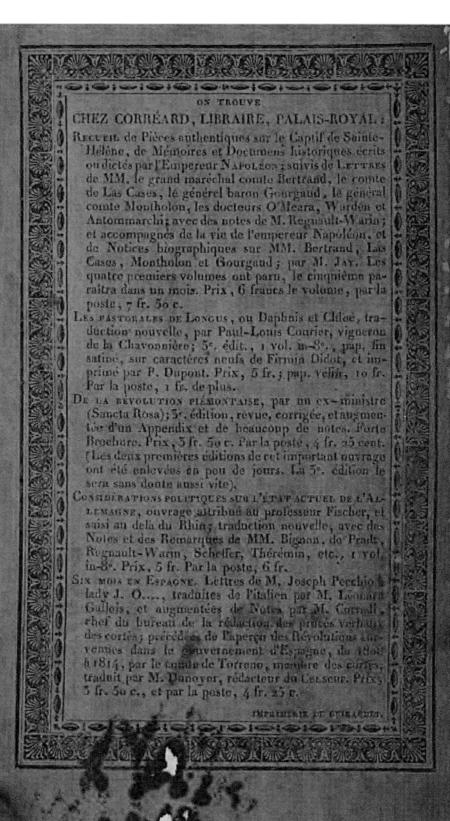

ON TROUVE

CHEZ CORRÉARD, LIBRAIRE, PALAIS-ROYAL :

RECUEIL de Pièces authentiques sur le Captif de Sainte-Hélène, de Mémoires et Documens historiques écrits ou dictés par l'Empereur NAPOLÉON; suivis de LETTRES de MM. le grand maréchal comte Bertrand, le comte de Las Cases, le général baron Gourgaud, le général comte Montholon, les docteurs O'Meara, Warden et Antommarchi; avec des notes de M. Regnault-Warin; et accompagnés de la vie de l'empereur Napoléon, et de Notices biographiques sur MM. Bertrand, Las Cases, Montholon et Gourgaud ; par M. JAY. Les quatre premiers volumes ont paru, le cinquième paraîtra dans un mois. Prix , 6 francs le volume , par la poste , 7 fr. 50 c.

LES PASTORALES DE LONGUS , ou Daphnis et Chloé, traduction nouvelle, par Paul-Louis Courier, vigneron de la Chavonnière; 5e. édit. , 1 vol. in-8°. , pap. fin satiné, sur caractères neufs de Firmin Didot, et imprimé par P. Dupont. Prix, 5 fr.; pap. vélin, 10 fr. Par la poste, 1 fr. de plus.

DE LA RÉVOLUTION PIÉMONTAISE, par un ex-ministre (Sancta Rosa); 5e. édition, revue, corrigée, et augmentée d'un Appendix et de beaucoup de notes. Forte Brochure. Prix , 3 fr. 50 c. Par la poste , 4 fr. 25 cent. (Les deux premières éditions de cet important ouvrage ont été enlevées en peu de jours. La 3e. édition le sera sans doute aussi vite).

CONSIDÉRATIONS POLITIQUES SUR L'ÉTAT ACTUEL DE L'ALLEMAGNE, ouvrage attribué au professeur Fischer, et suivi au delà du Rhin; traduction nouvelle, avec des Notes et des Remarques de MM. Bignon, de Pradt, Regnault-Warin, Scheffer, Thérémin, etc., 1 vol. in-8°. Prix, 5 fr. Par la poste, 6 fr.

SIX MOIS EN ESPAGNE. Lettres de M. Joseph Pecchio à lady J. O....., traduites de l'italien par M. Léonard Gallois, et augmentées de Notes par M. Corralf, chef du bureau de la rédaction des procès verbaux des cortès; précédées de l'aperçu des Révolutions survenues dans le gouvernement d'Espagne, de 1808 à 1814, par le comte de Torreno, membre des cortès, traduit par M. Donoyer, rédacteur du CENSEUR. Prix, 3 fr. 50 c., et par la poste, 4 fr. 25 c.

IMPRIMERIE DE GUIRAUDET.

LaVergne, TN USA
24 March 2011
221339LV00002B/195/P